JAKOBSWEG

PILGERN AUF CAMINO FRANCÉS UND CAMINO ARAGONÉS

JAKOBSWEG

Pilgern auf Camino Francés und Camino Aragonés

LA INFANTIL
CALZADOS
PUNTO DE INFORMACIÓN TURÍSTICA
MAZIOA

Regē qui cęluz
terram q̄ re git
in ſęcula ſę cu
lo rū
Alle l.

ZU DIESEM BUCH

Die Suche nach Heil, Erlösung und manchmal auch nach Abenteuer ist oft der Beweggrund, eine Wallfahrt nach Santiago de Compostela anzutreten. Schon im 10. Jahrhundert zog das Grab des Apostels Jakob des Älteren Jahr für Jahr Tausende von Pilgern aus ganz Europa an. Der Apostel Jakobus (spanisch: »Sant' Jago« = »Santiago«) war einer der zwölf Jünger Jesu. Einer spanischen Legende zufolge soll er sieben Jahre auf der Iberischen Halbinsel gepredigt haben und in Jerusalem im Jahre 44 n. Chr. enthauptet worden sein. Seine Jünger – oder ein unbemanntes Segelboot – überführten seine sterblichen Überreste nach Galicien. Die Wallfahrt wird seit Jahrhunderten von der Kirche gefördert, die den anwachsenden Pilgerstrom durch bessere Straßen und den Bau von Klöstern, Hospizen und Herbergen unterstützte. Dabei taten sich besonders die Benediktiner hervor, deren

Klöster meist an den Knotenpunkten der Wege entstanden. Die Entwicklung des Jakobswegs hing eng mit der Befreiung Spaniens von den Mauren sowie mit einer verstärkten Apostelfrömmigkeit zusammen. Heute wandern Pilgerreisende aus der ganzen Welt auf dem Camino Francés von Roncesvalles in den Pyrenäen über die berühmte Puente la Reina zum Grab des heiligen Jakob. Die Route führt vorbei an gotischen Kathedralen wie jene von Burgos, León und Astorga sowie an altehrwürdigen Kirchen in Logroño und Frómista. Eine andere beliebte Route ist der Camino Aragonés, der am Somport-Pass beginnt und in Puente la Reina auf den Camino Francés stößt. Als Beweis ihrer Pilgerschaft bringen die Wallfahrer heute noch eine Jakobsmuschel mit nach Hause. Seit dem Mittelalter ist sie das Erkennungszeichen der Pilger, wer sie trug, genoss besonderen Schutz.

Nachdem 813 ein Mönch eine Sternenerscheinung hatte (lat. »campus stellae« = »Compostela« = »Sternenfeld«) und Jakob dem König bei einer siegreichen Schlacht gegen die Araber erschienen ist, begann der Heiligenkult um Jakobus. In der Kunst wird er meist mit dem Pilgerstab dargestellt, wie hier an der Kathedrale von A Coruña.

INHALT

Oben: Die Glasfenster in der Kathedrale von León tauchen das Gotteshaus in ein farbenfrohes Licht. Die Fenster sind teils schon im 16. Jahrhundert, vielleicht sogar früher, geschaffen worden.

Bilder auf den vorherigen Seiten:

S. 2/3: Castrum Sigerici aus dem 8. Jahrhundert oberhalb des Ortes Castrojeriz.

S. 4/5: Altar in der Iglesia de la Real Colegiata de Santa María in Roncesvalles.

S. 6/7: Altstadt von Pamplona.

S. 8/9: Bibliothek des Klosters San Millán de la Cogolla in Rioja.

S. 10/11: Kathedrale von León mit ihren 125 Buntglasfenstern.

Oben: Der sehenswerte Ort Estella mit seiner Kirche San Pedro de la Rúa und den alten Palästen liegt auf der fünften Etappe des Camino Francés.

PLAZA DE
SAN
MARTIN

DER JAKOBSWEG

Seit Jahrhunderten pilgern Wallfahrer auf dem Jakobsweg nach Santiago de Compostela. Seine bedeutende Rolle für den kulturellen Austausch lässt sich an den vielen herausragenden Bauwerken entlang der Route ablesen. Die Rolle für das eigene Seelenleben muss jeder Pilger für sich selbst definieren. Die Faszination einer Wanderung zum Grab des heiligen Jakob scheint jedenfalls seit Jahrhunderten ungebrochen. Die Sehnsucht nach ein paar entschleunigten Wochen inmitten Gleichgesinnter hallt besonders in der hektischen Zeit des 21. Jahrhunderts nach.

Weit scheint noch der Weg, fern sein Ziel. Doch am Ende eines langen Tages erwartet die Pilger ein Ort, an dem sie ausruhen, Last ablegen, sie selbst sein können. Und am nächsten Morgen ziehen sie weiter, ein Stück näher zum Ziel, ein Stück näher zu ihrem Selbst.

ZUR JAKOBUSLEGENDE

Das Herz schlägt ein paar Takte schneller, die Hände sind schweißnass und außer einem heiseren »Danke« kommt kein Wort aus dem Mund. Ihn, den heiligen Jakob, zu umarmen ist für viele Pilger Abschluss und Höhepunkt der Wallfahrt zugleich. Wie oft wurde der Apostel auf dem Weg um Rat und Hilfe gebeten, angefleht oder war einfach nur auf einsamen Etappen dabei. Viele Legenden ranken sich um Jakob den Älteren (spanisch: »Sant Jago«, kurz »Santiago«). Mit seinem jüngeren Bruder Johannes zählte er zu den zwölf Jüngern Jesu. Beide waren für ihr aufbrausendes Temperament bekannt, weshalb Jesus sie auch »Donnersöhne« nannte. Sie beide und Simon Petrus waren die Lieblingsjünger und engsten Vertrauten des Gottessohnes. Nach Jesu Auferstehung und Himmelfahrt teilten die Apostel sich auf, um das Wort Gottes in die Welt zu tragen. Jakobs Missionsgebiet soll die Iberische Halbinsel gewesen sein. Doch sein Versuch, die Menschen dort zu christianisieren, scheiterte kläglich. Frustriert kehrte er mit seinen Schülern wieder zurück ins Heilige Land. Gerade noch rechtzeitig, denn die Menschen hatten sich vom christlichen Glauben abgewandt und waren dem Magier Hermogenes und seinem Schüler Philetos verfallen. Der Donnersohn Jakob bündelte nun sein Temperament und seine Energie in emotionale und eindringliche Predigten. Seine Worte waren wie Feuer. Selbst die beiden Zauberer Hermogenes und Philetos schmolzen dahin und wurden zu überzeugten Christen und Predigern. Die erfolgreiche Missionstätigkeit des Trios missfiel jedoch den Juden, und König Herodes Agrippa I. (Enkel von Herodes dem Großen) beendete das Treiben und befahl ihre Hinrichtung. Doch noch auf dem Weg zum Richtplatz heilte Jakob einen Lahmen. Ein Wunder, das seinen Bewacher derart beeindruckte, dass er sich gleich an Ort und Stelle taufen ließ. Zur Strafe wurde ihm ebenfalls der Kopf abgeschlagen. Jakob starb als erster Apostel den Märtyrertod. Seine Leiche, so will es die Legende, holte ein unbemanntes Segelschiff, und Engel geleiteten es bis ans Ende der damals bekannten Welt an der nordspanischen Atlantikküste. Von dort brachte ihn eine himmlische Kraft weiter ins Landesinnere, wo sein Grab mit den Jahren vergessen wurde.

Erst Anfang des 9. Jahrhunderts schreckte den Eremiten Pelagius eine wundersame Sternenformation auf und er alarmierte den damaligen Bischof Theodemir. Der ließ an der Stelle graben und die Expedition fand menschliche Überreste: die Gebeine des heiligen Jakob. Von dem leuchtenden Sternenfeld (»campus stellae«) soll Compostela abgeleitet sein. Andere behaupten, der Name stamme vom lateinischen Wort für Friedhof (»compostum«). Jedenfalls machte König Mauregatus schon vor dem Auffinden des Grabes den heiligen Jakob zum Schutzpatron der Iberischen Halbinsel. Ein cleverer Schachzug, denn die gegen die Mauren kämpfenden Katholiken hatten so eine christliche Identifikationsfigur. Der Legende nach soll der heilige Jakob in einigen Schlachten zum Sieg verholfen haben. Etwa in Clavijo, wo die Mauren sich schon als Sieger sahen. Doch da erschien Jakobus. Auf einem Pferd sprengte er über die Feinde, und die Köpfe rollten. Santiago Matamoros, Sankt Jakob der Maurentöter, heißt er seitdem und die folgenden Könige missbrauchten ihn fortan für ihre militärischen Ziele. In der Kathedrale von Santiago steht jedoch der friedliche Pilger Jakob. Mit Heiligenschein, Pilgerstab und Umhang – und wer nach anstrengender Pilgerreise über die glänzenden Jakobsmuscheln auf seinem Rücken streichelt, erlebt das Glücksgefühl, etwas wirklich Einmaliges im Leben vollbracht zu haben.

Oben: Codex Calixtinus (»Jakobsbuch«) aus dem 12. Jahrhundert in der Kathedralsbibliothek von Compostela; rechts: Darstellung des heiligen Jakob als Pilger auf einem Altarbild in der Kirche von Marañón in Navarra.

DIE ENTWICKLUNG DES JAKOBSWEGS

Gelb, blau, rot und grün – wie Stecknadelköpfe auf einer Landkarte markieren sie den Weg zur Kathedrale von Santiago de Compostela. Pilger aus aller Welt in ihren bunten Shirts und Sonnenhüten aus der Vogelperspektive. Wege zum Grab des Heiligen Jakobs durchziehen ganz Europa, doch der klassische Jakobsweg ist der Camino Francés, die etwa 800 Kilometer lange Strecke von den Pyrenäen nach Santiago de Compostela. Seit 1993 gehört sie zum UNESCO-Welterbe. Schon lange vor den Christen haben die Kelten die magische Kraft des Wegs gespürt und für ihre Riten genutzt. Energieströme, die sogenannten Leylinien, sollen entlang der Route fließen und die ausgebrannten Akkus

wieder aufladen. Es war auch ein Wunder, dass im 9. Jahrhundert die Gebeine des heiligen Jakob entdeckt wurden. Abertausende Sterne wiesen wie ein himmlischer Leuchtturm den Weg zum Apostelgrab. König Alfons II. ließ an der Stelle eine Kirche bauen, die Sensation verbreitete sich wie ein Lauffeuer und lockte die ersten Pilger an. Alfons III. ersetzte das Kirchlein seines Vorgängers durch einen prunkvolleren Bau. Jetzt kamen die religiös motivierten Wanderer aus ganz Europa. Die Könige in Nordspanien versuchten zudem, französische Siedler anzulocken, die sich entlang des Weges niederließen. Die Franzosen, sie gaben dem Weg den Namen: Camino Francés, »französischer Weg«. Doch das Unterfangen war gefährlich, denn die Mauren eroberten den Nordosten Spaniens, zerstörten, versklavten und mordeten – auch die Pilger, die deshalb fernblieben. Vielleicht hatte der heilige Jakob seine Finger im Spiel, inzwischen Schutzheiliger des Landes, als während der Reconquista die Christen die muslimisch besetzten Gebiete zurückeroberten. Endlich konnten die Pilger wieder auf Wallfahrt gehen. Erstmals schriftlich erwähnt wird der Jakobsweg in einer Urkunde 1047. Knapp 30 Jahre später begann Alfons VI., über dem Apostelgrab in Santiago de Compostela eine Kathedrale zu errichten. Zu der Zeit boten Bauherren hohe Löhne für Steinmetze, Zimmerleute und Dachdecker, es herrschte Fachkräftemangel. Überall entlang der Pilgerstraße wurde gehämmert, gesägt und geklopft. In Windeseile entstanden Klöster, Kirchen, Hospize, Brücken und Straßen. Alles für die Pilger. Schon damals waren die Wallfahrer ein bedeutender Wirtschaftszweig und bescherten den Orten entlang des Jakobswegs gewaltigen Aufschwung. Nicht nur wirtschaftlich, sondern auch kulturell und kulinarisch. Viele reiche Pilger mochten es gern bequem. Bedienstete errichteten abends ganze Zeltstädte, Köche bereiteten heimische Speisen und Musiker unterhielten die Herrschaften. So kamen Geld, Waren und neue Ideen über die Pyrenäen. Gegen 1150 erschien mit dem Jakobsbuch (Codex Calixtinus) des französischen Gelehrten Aimeric Picaud der erste Pilgerführer. Die Glanzzeit des Jakobswegs begann und Santiago de Compostela stand auf einer Stufe mit Rom und Jerusalem. Der Glaube an die Heilsgewinnung und den Erlass aller Sünden motivierte die Menschen. Im 15. und 16. Jahrhundert war es mit dem Ruhm vorbei. Zwar pilgerten immer noch viele auf dem Jakobsweg, aber immer mehr Landstreicher, Diebe und anderes zwielichtiges Gesindel, das weder Erlösung noch Selbstfindung suchte, sondern Wohlhabende ausraubte und verschleppte. Im 17. Jahrhundert erlebte der Jakobsweg einen kurzen Aufschwung, der bald schon wieder vorbei war. In Zeiten von Aufklärung und fortschreitender Säkularisierung geriet Pilgerei in Vergessenheit. Verschollen waren aber auch die Gebeine des Apostels, die erst 1879 bei Ausgrabungen wieder auftauchten. Papst Leo nahm dies 1884 zum Anlass und erklärte die Knochen als echt und bescherte Santiago de Compostela und dem Jakobsweg einen Aufschwung, der mit Einführung des Heiligen Jahrs zunahm. In Jahren, in denen der 25. Juli, der Festtag des heiligen Jakobs, auf einen Sonntag fällt, erhalten die Pilger einen vollkommenen Ablass ihrer Sünden. Heute ist Pilgern ein Trend. Fast eine Viertelmillion Menschen aus aller Welt haben sich 2014 auf den Weg in den Nordosten Spaniens gemacht und bilden in ihren bunten Klamotten eine Schlange durch die Stadt bis zur Kathedrale.

Oben: Codex Calixtinus; rechts: Allgegenwärtig sind die Pilgersymbole der Jakobsmuscheln.

ÜBERSICHTSKARTE DES SPANISCH-FRANZÖSISCHEN WEGENETZES

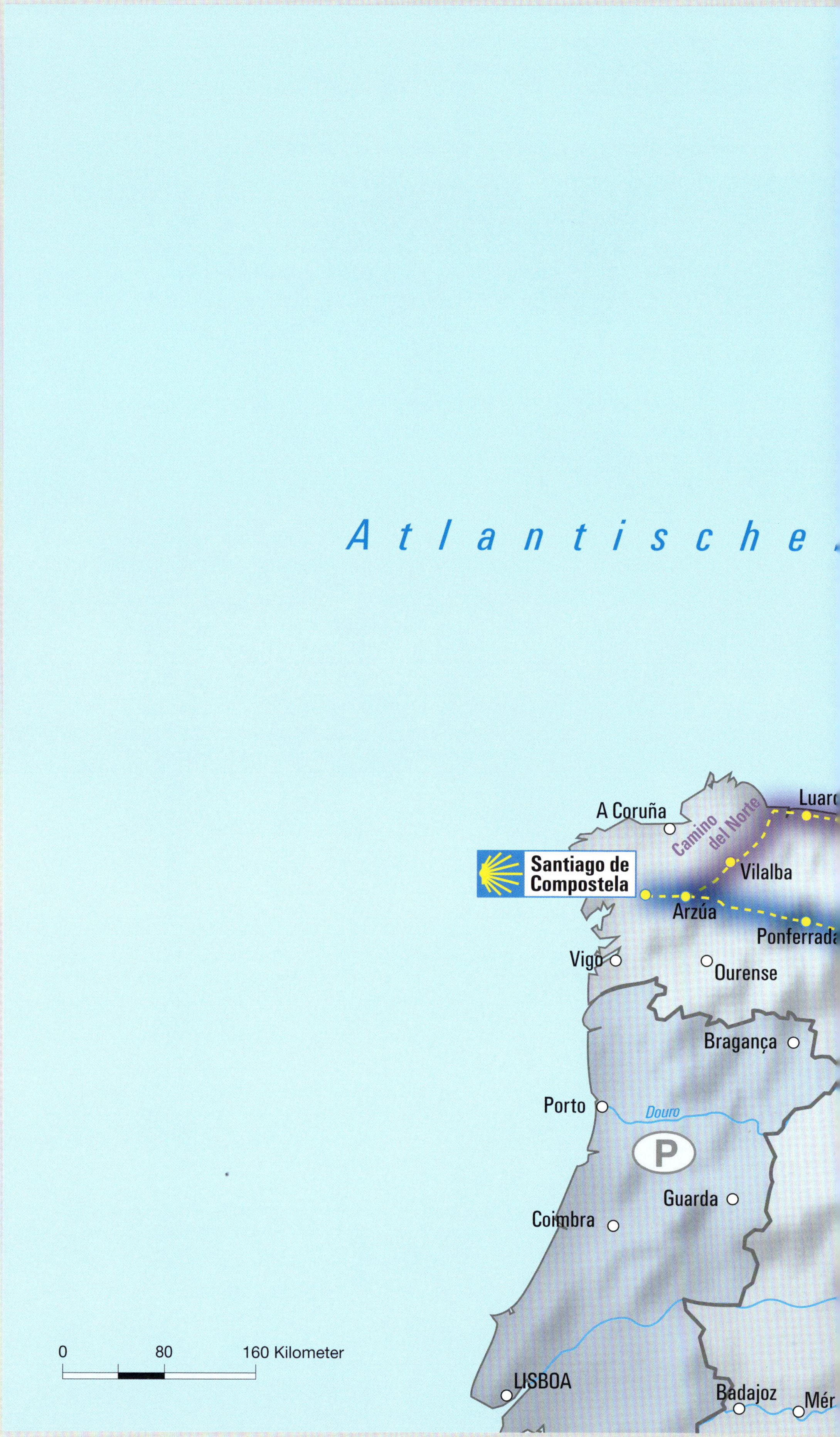

Chemin de Saint-Jacques nennen die Franzosen den Jakobsweg und gleich vier traditionelle Pilgerstraßen führen durch Frankreich. Im ältesten Pilgerbuch der Welt, dem Jakobsbuch oder Codex Calixtinus, aus dem 12. Jahrhundert hat der französische Mönch und Gelehrte Aimeric Picaud die Pilgerstraßen beschrieben. Zusammen mit den eigens für die Pilger errichteten und mit Fresken und Statuen geschmückten Basiliken, Kirchen und Klöstern gehören die Wege zum UNESCO-Weltkulturerbe. Im Süden verläuft die Via Tolosana von Arles über Toulouse zum Pyrenäenübergang Col de Somport, wo die Via Tolosana auf den Camino Aragonés trifft und sich später mit dem Camino Francés vereint. Le Puy-en-Velay im französischen Zentralmassiv ist Startpunkt für die Via Podensis. Sie ist die älteste und mit den meisten romanischen Bauwerken ausgestattete Straße. Via Lemovicensis beginnt in Vézelay und ist auch als Limousin-Weg bekannt. Die nördlichste Route, die Via Turonensis, startet in Paris und wird auch Grand Chemin genannt. Diese drei Pilgerwege treffen sich in den Pyrenäen und vereinen sich bei Ostabat im Baskenland, wo sie als Camina Navarro bis Puente la Reina führen. Dort stößt auch der Camino Aragonés hinzu und alle münden in den Französischen Weg, den Camino Francés. Nördlich des klassischen Jakobswegs führt der Camino de la Costa, der Küstenweg, durch eine einzigartige Natur am Meer entlang. Etwa 100 Kilometer von Santiago de Compostela mündet er in den Nordweg, Camino del Norte, wo er sich in Arzúa mit dem Camino Francés vereint.

Amiens
LUXEMBOURG
D
Cherbourg
Rouen
Reims
Metz
Seine
PARIS
Caen
Nancy
Strasbourg
Brest
Chartres
Troyes
F
Rennes
Le Mans
Orléans
Basel
Vézelay
Dijon
Tours
Loire
Nantes
BERN
CH
Bourges
Châteauroux
Saône
Lausanne
Poitiers
Sauvigny
Macon
Genève
La Rochelle
Via Turonensis
Ozean
Limoges
Lyon
I
Noblat
Saintes
Clermont-Ferrand
Grenoble
Périgueux
Torino
Brive-la-Gaillarde
Le Puy-en-Velay
Bordeaux
Garonne
Via Lemovicensis
Rhône
Conques
Moissac
Avignon
Via Podiensis
Nice
Saint-Guilhem-le-Désert
Nîmes
Gijón
Arles
Aix-en-Provence
Biarritz
Toulouse
Santander
Irun
Montpellier
Camino de la Costa
Bilbao
Ostabat
Via Tolosana
Marseille
Toulon
Roncesvalles
Oloron
Léon
Puente la Reina
Pamplona
Col du Somport
Perpignan
Burgos
Jaca
Logroño
Camino Aragonés
Camino Francés
AND
Ebro
Zaragoza
Valladolid
Lleida
Barcelona
E
Mittelmeer
MADRID
Teruel
Illes Balears
Toledo
Palma
València

VOM PILGERWEG ZUM SELBSTFINDUNGSTRIP

In zwei blauen Eimern suchen geschwollene Füße Erleichterung im kalten Wasser. Mit geschlossenen Augen und einem entspannten Lächeln genießt die Frau die Abendsonne. Daneben verarztet ein Mann dicke Blasen. Allein der Anblick tut weh, doch den Betroffenen kommt kein Wehklagen, Jammern oder gar Fluchen über die Lippen. Eine typische Szene, die sich jeden Abend vor den Herbergen des Jakobswegs abspielt. Je näher die Pilger der Kathedrale von Santiago de Compostela kommen, desto entrückter werden ihre Mienen.

Seit jeher nehmen Menschen Strapazen, Schmerzen und Verzicht auf sich, um in der Fremde eine heilige Stätte zu besuchen. Einen besonderen Ort, wo sie die Kräfte übernatürlicher Mächte spüren und glauben, dem Göttlichen näher zu sein. Diese Orte gibt es seit allen Zeiten auf der ganzen Welt, für alle Kulturen und Religionen. Für den Islam Mekka, für den Hinduismus Benares am Ganges und für das Christentum neben Rom und Jerusalem auch Santiago de Compostela. Das altmodisch anmutende Wort Pilger kommt vom lateinischen »peregrinus«, das fremd oder Fremder bedeutet. Für die Römer kam ein Fremdling »per agrum«, übers Land, aus einer fremden Gemeinde. Im Mittelalter, der Glanzzeit des Pilgerns, gab es immer einen Grund, warum sich jemand auf den Weg machte. Der mittelalterliche Mensch fuhr nicht einfach in den Urlaub, gönnte sich keine schönen Wochen zum bloßen Vergnügen. Mit der Reise zum heiligen Jakob erfüllte er ein Gelübde, hoffte, dass mit himmlischer Hilfe Krankheiten kuriert oder Rat und Rettung in Krisensituationen gegeben werden. Neben Dank-, Bitt- und Sühnepilgerreisen, drängte die Pilger noch ein weiteres Anliegen: der Erlass ihrer irdischen Sünden. Die besten Chancen, gleich alle Sünden auf einmal loszuwerden, hatten sie in den heiligen Jahren, wenn der Festtag des Jakobs, der 25. Juli, auf einen Sonntag fällt.

Noch immer faszinieren diese Jahre Pilger, ziehen Hunderttausende an, auch wenn ihre Motive, nach Santiago de Compostela zu pilgern, wahrscheinlich andere sind als der Sündenablass. Heute spielt bei vielen das Ich eine Hauptrolle, vor allem das verlorene. Wer in einer Gesellschaft der ständig wechselnden Superstars, unendlicher Selbstoptimierung und digitaler Zurschaustellung nicht mithalten kann, zählt nicht. Eine labile Situation, in der Körper, Geist und Seele auseinanderdriften. Was ist für mich wirklich wichtig im Leben? Eine Frage, auf die auch alle Facebookfreunde keine Antwort haben. Wie ein Ausrufezeichen steht sie im Kopf, nagt an der Seele, macht krank.

»Gehen ist die beste Medizin«, wusste schon Hippokrates im 5. Jahrhundert v. Chr. Der Neuzeitmensch besinnt sich wieder darauf und ist dann mal weg. Statt Multitasking im Turbotempo bestimmt die Entdeckung der Langsamkeit den Tag auf dem Jakobsweg. Entschleunigen, wie es so schön heißt. Doch die Suche nach dem Selbst gibt es nicht umsonst. Wunde Füße, schmerzender Rücken, Staub, Hunger, Hitze und eine leere Wasserflasche. Dazu das eigene Ich als ständigen Begleiter, der nörgelt, quengelt und einfach schwer zu ertragen ist. »Magst du Wasser?«, durchbricht eine Stimme das stumme Selbstbemitleiden. Kein himmlisches Wesen, sondern eine Pilgerin, die ihre Wasserflasche reicht. Noch nie hat lauwarmes Wasser so herrlich geschmeckt, wie ein Wundermittel strömt die Flüssigkeit durch die ausgedörrte Kehle und weckt verloren geglaubte Energie. Solche Begegnungen zeichnen den Jakobsweg aus. Schicksalsschläge, Lebensgeschichten und die Beweggründe der anderen, warum sie unterwegs sind, machen sensibel und frei. Mit jedem Schritt wird der seelische Ballast leichter. Körper, Geist und Seele finden wieder zueinander. Das eigene Ich ist doch eigentlich ein netter Zeitgenosse. Hoffentlich auch noch zu Hause.

ROUTENVERLAUF UND WEGFÜHRUNG DES CAMINO FRANCÉS

Nr.	Bis Santiago	Entfernung	Stationen	Höhenverlauf in Metern
1	769 km	25 km	**Saint-Jean-Pied-de-Port**, Valcarlos, Puerto de Ibañeta, **Roncesvalles**	175 – 1057 - 962
2	744 km	21,5 km	**Roncesvalles**, Burguete, Espinal (Navarra), Bizkarreta-Gerendiain, Lintzoain, Erro-Pass, **Zubiri**	962 – 760 – 801
3	722,5 km	22 km	**Zubiri**, Larrasoaña, Zuriáin, Iroz, Zabaldica, Villava, Burlada, **Pamplona**	801 – 423 – 449
4	700,5 km	23,5 km	**Pamplona,** Cizur Menor, Guendulain, Zariquiegui, Alto del Perdón, Uterga, Muruzabal, Obanos, **Puente la Reina**	449 – 633 – 344
5	677 km	22 km	**Puente la Reina**, Mañeru, Cirauqui, Lorca, Villatuerta, **Estella**	344 – 496 – 421
6	655 km	22 km	**Estella**, Irache, Azqueta, Villamayor de Monjardín, **Los Arcos**	421 – 605 – 438
7	633 km	28 km	**Los Arcos**, Sansol, Torres del Río, Viana, **Logroño**	438 – 485 – 384
8	605 km	29 km	**Logroño**, Navarrete, **Najera**	384 – 512 – 485
9	576 km	21 km	**Najera**, Azofra, Cirueña, **Santo Domingo de la Calzada**	485 – 715 – 638
10	555 km	23 km	**Santo Domingo de la Calzada**, Grañón, Redecilla del Camino, Castildelgado, Villamayor del Río, **Belorado**	638 – 777 – 845 – 772
11	532 km	24 km	**Belorado**, Tosantos, Villambistia, Espinosa del Camino, Villafranca Montes de Oca, **Juan de Ortega**	772 – 1000
12	508 km	28 km	**Juan de Ortega**, Agés, Atapuerca, Cardeñuela, Orbaneja Ríopico, Villafría, **Burgos**	1000 – 1101 – 856
13	480 km	40 km	**Burgos**, Villalbilla, Tardajos, Rabé de las Calzadas, Hornillos del Camino, San Bol, Hontanas, Kloster San Anton de Castrojeriz, **Castrojeriz**	856 – 890 – 808
14	440 km	23 km	**Castrojeriz**, Puente de Itero, Itero de la Vega, Boadilla del Camino, **Frómista**	808 – 765 – 788
15	417 km	19 km	**Frómista**, Población de Campos, Villarmentero de Campos, Villalcázar de Sirga, **Carrión de los Condes**	788 – 830
16	398 km	39 km	**Carrión de los Condes**, Calzadilla de la Cueza, Ledigos, Terradillos de los Templarios, Moratinos, San Nicolás del Real Camino, **Sahagún**	830 – 889 – 822
17	359 km	19,5 km	**Sahagún**, Calzada del Coto, Bercianos del Real Camino, **El Burgo Ranero**	822 – 881
18	339,5 km	38 km	**El Burgo Ranero**, Reliegos, Mansilla de las Mulas, Villamoros, Puente de Villarente, Arcahueja, Valdelafuente, **León**	881 – 786 – 849 – 838
19	301,5 km	24 km	**León**, Trobajo del Camino, Virgen del Camino, Valverde de la Virgen, San Miguel del Camino, **Villadangos del Páramo**	838 – 905 – 800
20	277,5 km	28 km	**Villadangos del Páramo**, San Martín del Camino, Hospital de Órbigo, Villares de Órbigo, Santibáñez de Valdeiglesia, San Justo de la Vega, **Astorga**	800 – 870 – 817 – 868
21	249,5 km	20 km	**Astorga**, Murias de Rechivaldo, Santa Catalina de Somoza, El Ganso, **Rabanal del Camino**	868 – 1145
22	229,5 km	32,5 km	**Rabanal del Camino**, Foncebadon, Cruz de Ferro, Manjarin, El Acebo, Riego de Ambros, Molinaseca, **Ponferrada**	1145 – 1500 – 508
23	197 km	23 km	**Ponferrada**, Columbrianos, Camponaraya, Cacabelos, **Villafranca del Bierzo**	508 – 525 – 464 – 505
24	174 km	30 km	**Villafranca del Bierzo**, Pereje, Trabadelo, La Portela de Valcarce, Ambasmestas, Vega de Valcarce, Ruitelan, Las Herrerías, La Faba, Laguna de Castilla, **O Cebreiro**	505 – 1300
25	144 km	36,5 km	**O Cebreiro**, Liñares, Hospital de la Condesa, Padornelo, Alto do Poio, Fonfría, As Pasantes, Biduedo, Ramil, Triacastela, Samos, Calvor, **Sarria**	1300 – 1228 – 1337– 520 – 800
26	107,5 km	21 km	**Sarria**, Barbadelo, Mercado de Serra, Brea, Ferreiros, Vilachá, **Portomarín**	800 – 435
27	86,5 km	24,5 km	**Portomarín**, Gonzar, Ligonde, **Palas de Rei**	435 – 540
28	62 km	25,5 km	**Palas de Rei**, San Xulián do Camiño, Leboreiro, Furelos, Melide, Boente, Castañeda, Ribadiso, **Camino de la Costa**	300 – 385
29	36,5 km	36,5 km	**Camino de la Costa**, Santa Irene, Amenal, Lavacolla, Monte de Gozo, **Santiago de Compostela**	385 – 240 – 340 – 260

ROUTENVERLAUF UND WEGFÜHRUNG DES CAMINO ARAGONÉS

Nr.	Bis Santiago	Entfernung	Stationen	Höhenverlauf in Metern
1	833,5 km	30,5 km	**Col du Somport**, Candanchú, Rioseta, Coldeládrones, Canfranc-Estación, Canfranc, Villanúa, Castillo de Jaca, **Jaca**	1612 – 1200 – 820
2	808,5 km	25 km	**Jaca**, Casa la Rosaleda, La Botiguera, Caseta del Municionero, Santa Cilia de Jaca, Pirineos, Puente la Reina de Jaca, **Arrés**	820 – 600 – 716
3	781,5 km	27 km	**Arrés**, Corrales de Arrés, Pardina de Solano, Borigüela, Coral de Tejas, Granja San Martín, Fuente de Fuensalada, Ermita de San Juan Bautis, **Ruesta**	716 – 590 – 554
4	759,5 km	22 km	**Ruesta,** Río Regal, Ermita de Santiago Apóstol, Corrales de Fenerol, Coral de Fenerol, Unduès de Lerda, Caserio de Arbera, **Sangüesa**	554 – 863 – 400
5	732,5 km	27 km	**Sangüesa**, Convento de la Madre María, Ermita de San Bartolomé, Rocaforte, Corral de Mario González, Coral de José Oiza, Corral del Navarra, Izco, Abinzano, Río Elorz, Salinas de Ibargoiti, **Monreal**	400 – 779 – 545
6	700,5 km	32 km	**Monreal**, Juzubieta , Río Eloz, Zinirotz, Yámoz, Ezperun, Guerendiãn, Tiebas, Muruarte de Reta, Olcoz, Enériz, Nuestra Señora de Eunate, Obanos, **Puenta la Reina**	545 – 627 – 344

REISEZEITEN UND KLIMA

Wann habe ich Zeit? Wie ist das Wetter und wie viele Menschen sind unterwegs? Alles wichtige Aspekte, um die man sich vor jeder Reise kümmern muss. Weil der Jakobsweg keine gewöhnliche Wanderroute ist, kommt noch eine Frage hinzu: Wann bin ich bereit, meinen Weg zu gehen, mich auf das Abenteuer Jakobsweg einzulassen? Manchmal geht es ganz schnell und die innere Stimme wird immer drängender: »Es kann losgehen. Jetzt!« Dann ist die Zeit reif, den Pilgerpass zu beantragen, den Rucksack zu packen und die Stiefel zu schnüren.

Grundsätzlich ist der Jakobsweg das ganze Jahr über begehbar und jede Jahreszeit hat ihren eigenen Charme. Von Januar bis März und oft bis in den April kann es kalt sein und vor allem in den Pyrenäen auch heftig schneien. Auch sind die Tage noch kurz und damit auch die Wanderzeit. Und noch haben nicht alle Herbergen geöffnet, sodass die Etappen entsprechend geplant werden müssen. Aber dafür sind die Wege leer und die Landschaft manchmal bis zur Trostlosigkeit trist. Die Natur ist auf das Notwendigste reduziert. Schnee. Kälte. Einsamkeit. Man lernt neue Seiten an sich kennen. Aber das Glücksgefühl, wenn die Sonne nach Tagen wieder auftaucht und die weiße Winterwelt wie eine Schatzkammer funkeln lässt, sind unvergesslich. Genau diese Erlebnisse machen die Wallfahrt im Winter besonders intensiv.

Im Mai kommt der Frühling mit seinen Farben, Blüten und Blättern. Es ist warm, aber noch nicht heiß und das milde Wetter zieht die Pilger an, deren Zahl im Juni noch weiter zunimmt, da der Juni als eine der besten Reisezeiten gilt. Gutes Wetter ist fast garantiert und die Temperaturen steigen selten über 30 Grad. Das ändert sich im Juli und August. Vor allem auf dem mittleren Teil des Jakobsweges kann die Hitze den Pilgern arg zusetzen. Spanier und Franzosen haben Ferien, der Camino ist voll und besonders die beliebtesten Herbergen sind oft schon mittags hoffnungslos ausgebucht.

Wettermäßig gilt auch der September, insbesondere zu dessen Ende hin, als ideal – sonnig, trocken und es ist Erntezeit. Pilger können frische Früchte am Wegesrand kaufen, die neue Kraft und Energie spenden. Obwohl die großen Pilgerströme verebbt sind, haben die Herbergen noch geöffnet. Auch Oktober und November sind wettertechnisch wunderbar, nur sind einige Unterkünfte geschlossen. Im Gebirge droht dann wieder Schnee. Aber gerade zur Weihnachtszeit im Dezember wird jeder Pilger sofort Teil der Herbergsfamilie und das Jakobsweg-Gefühl ist einzigartig.

Mildes Atlantikklima prägt Galicien, die Provinz von Santiago de Compostela. Meist fallen die Temperaturen nicht unter fünf Grad und damit sind Schneefälle auch selten. Dafür kann es ausgiebig regnen. Der Sommer ist nicht allzu heiß und die Sonne scheint 2000 Stunden im Mittel. Beides beschert eine grüne Landschaft.

Immer nur Sonnenschein, das ist auf dem Jakobsweg nicht garantiert und kann auch ermüdend sein. Kühlende Niederschläge oder Nebel treten in den Nebensaisons auf.

»Die Seele geht zu Fuß« lautet eine indianische Weisheit und ist auch einer der Gründe, warum sich viele auf die Wallfahrt nach Santiago de Compostela machen. Im Alltag zwischen digitaler Dauererreichbarkeit, Selbstoptimierung und Schnelllebigkeit funktionieren manche wie ein perfekt programmierter Roboter. Wer dann den Entschluss gefasst hat, sich eine Auszeit zu gönnen, betätigt damit die Off-Taste der täglichen (An-)Forderungen, und die ersten Glücksgefühle rauschen durch die Adern. So verschieden und persönlich die Gründe sind, den Weg zu wagen, sind genau sie doch die wichtigsten Reiseutensilien und werden mindestens einmal täglich hervorgekramt. Wenn die Füße schmerzen, der Rucksack scheuert oder der Nebenmann unerträglich laut schnarcht. In diesen Momenten martert immer dieselbe Frage das Gehirn: »Warum? Warum tue ich mir das an?« Dann hilft nur eins: Augen zu und die eigene Motivation wie ein Mantra murmeln. Es hilft! Schmerzen werden weniger, der Rucksack leichter und gegen Extremschnarcher helfen Ohrstöpsel. Weil nicht nur die Seele zu Fuß geht, sondern auch der Körper auf den Füßen läuft, müssen diese besonders gut behandelt werden. Viele schwören auf Funktionssocken, manche ziehen noch ein paar dünne Baumwollsocken drunter, die wie eine zweite Haut wirken sollen. Ganz wichtig sind natürlich passende und eingelaufene Wanderstiefel. Auch Blasenpflaster dürfen nicht fehlen. Seit jeher gehört der Stab zur Grundausrüstung eines Pilgers. Natürlich kann sich jeder einen Prügel im Wald suchen, doch es gibt auch die moderne Variante: Teleskop-Trekkingstecken.

Weniger ist mehr, die alte Regel gilt gerade auch auf dem Jakobsweg. Rücken, Knien und Gelenken macht jedes überflüssige Gramm zu schaffen. Manche müssen ihre meist schmerzvolle Lektion erst lernen. Neue Jacken, Hosen mit Preisschild, ungetragene Shirts, ungelesene Bücher, Bürsten und Schminksachen, viele Herbergen gleichen nach dem Auszug der Pilger einer Mischung aus Kleiderkammer und Flohmarkt. Dabei reichen zwei Hosen völlig aus, gut sind die mit abzippbaren Beinen. In den meisten Unterkünften stehen Waschmaschinen zur Verfügung, ansonsten gibt es Waschbecken. Lustig ist der Anblick am nächsten Morgen, wenn einige Pilger zu wandelnden Vogelscheuchen werden. Dann flattern feuchte Büstenhalter, neonbunte Socken und raschelnde Funktionshemden an ihren Rucksäcken. Alte Hasen nehmen Sicherheitsnadeln statt Wäscheklammern und haben immer ein Stück Schnur dabei. Auch wenn er ein paar Gramm wiegt, muss er mit: ein kleiner Stein von zuhause zum Ablegen am Cruz de Ferro.

Was wirklich wichtig ist, lernt man nur unterwegs. Auf jeden Fall ein Tagebuch und ein Regenschutz. Bewährt haben sich Ponchos, die auch den Rucksack bedecken. Früher gehörte ein weiter Umhang zur Grundausstattung. Er schützte nachts vor Kälte und tagsüber vor Regen. Das Wort »Regenpelerine« stammt aus dieser Zeit, auf Französisch heißt Pilger »pèlerin«, der ohne wetterfesten Poncho nicht losging. Eines ist sicher, ob Letzerer nun aus Hightech oder Gummi ist, nass wird jeder. Dann sorgt eines für gute Laune: Essen. Speis' und ein Glas Pilgerwein halten nicht nur Leib und Seele zusammen, sondern sind auch ein wichtiger Kommunikationsfaktor. Abends sitzt man zusammen und verzehrt das dreigängige Pilgermenü, das etwa zehn Euro kostet. Die Stimmung in den Gasträumen ist immer großartig und das Sprachgewirr babylonisch. Oft helfen nur Hände und Füße. Keine Taschen besetzen die Stühle, sondern ein offenes Lachen und entsprechende Handbewegungen laden die Neuangekommenen ein, Platz zu nehmen. Ganz wie in einer großen Familie.

Stempel im Pilgerpass (oben) bestätigen, dass der Pilger auch mindestens 100 Kilometer zu Fuß gewandert ist. Abends treffen sich Pilger aus aller Welt zum Essen und Reden (rechts).

PROHIBIDO FUMAR
EN ESTA ZONA
BOSCH
CASTILLO DEL LOBO

CAMINO FRANCÉS

Er ist der berühmteste Pilgerweg der Welt, führt über die Pyrenäen, durch die Königsstädte und endet in Santiago de Compostela. Der »Klassiker« der Jakobswege heißt ausgerechnet Camino Francés, also »Französischer Weg«. Und das, obwohl er fast komplett in Spanien liegt. Das hat weniger damit zu tun, dass der Startpunkt in Saint-Jean-Pied-de-Port in den französischen Pyrenäen zu finden ist, sondern vor allem damit, dass einst die Könige in Nordspanien versuchten, französische Siedler anzulocken. Und deren Ansiedlung geschah vor allem entlang dieses uralten Pilgerweges.

Schon seit dem 11. Jahrhundert führt der Camino Francés zum Jakobsgrab in Santiago de Compostela. Im Glockenturm der Kathedrale von Pamplona (unten) genießt man einen grandiosen Ausblick über die Stadt und das umliegende Land.

ETAPPE 1: VON SAINT-JEAN-PIED-DE-PORT NACH RONCESVALLES

Das steinerne Jakobustor markiert den Beginn, unzählige Wanderschuhe marschieren über das alte Kopfsteinpflaster der schmalen Gasse. Mit den hölzernen Fensterläden und den eisernen Türklopfern wirkt es, als habe sich der Ort kaum verändert, seit im Mittelalter die Pilger hier entlangschritten. »Heiliger Johann am Fuß des Passes«, so heißt die französische Stadt auf deutsch. Sie ist nicht nur Startpunkt des Camino Francés, sondern auch Endstation des französischen Jakobsweges Via Podiensis. Jeder zehnte Pilger auf dem Jakobsweg beginnt hier seine Tour und überquert von dieser Kleinstadt aus die Pyrenäen durch den Ibañeta-Pass. Pilger können zwischen zwei Varianten wählen, der abgelegenen – aber auch schöneren – Route Napoleon und der Route Valcarlos über das gleichnamige Dorf. Bei unbeständigem Wetter empfiehlt sich allerdings die zweite Variante.

Eine Einsamkeit, die nicht trostlos, sondern äußerst beruhigend wirkt, und eine schier endlose Weite vermittelt der Puerto de Ibañeta (französisch Col de Roncevaux) im Baskenland mitten in den Pyrenäen (links). Romantisch-beschaulich ist der Anblick hingegen im kleinen Städtchen Saint-Jean-Pied-de Port am Fluss Nive mit seinen schmucken Fachwerkhäusern und Steinbrücken (unten).

PUERTO DE IBAÑETA

Wenn der in dieser Gegend so typische Nebel aufzieht, läuten die Glocken der Kapelle und weisen den Pilgern den Weg – der Ibañeta-Pass ist mit seinen 1057 Metern Höhe der kälteste Abschnitt des Camino Francés. Seit 1965 steht hier oben die kleine Kapelle namens »Capilla del Salvador«. Die Passage durch die Pyrenäen als wichtigstes Eingangstor zur Iberischen Halbinsel ist uralt – schon lange vor den Jakobspilgern nutzten sie die Kelten. Und in der Römerzeit war der Durchgang als »Summus Pyrenaeus« bekannt, hier gab es sogar eine Pass-Station, an der sich die Reisenden verpflegen konnten. Karl der Große querte die Pyrenäen über den Pass bei seinem Spanien-Feldzug 778 – und geriet bei der Schlacht von Roncesvalles in einen Hinterhalt. Der Puerto de Ibañeta liegt auf der spanischen Seite des Gebirges, die nächste Ansiedlung ist allerdings das acht Kilometer entfernte französische Saint-Jean-Pied-de-Port.

Sanft steigt der Jakobsweg an, wenn er durch die Landschaft bei Roncesvalles vorbeiführt (unten). Auf dem Weg sind die Gräber von Puerto Ibañeta zu betrachten (rechts).

DIE SCHLACHT VON RONCESVALLES

Ohne das Gemetzel am Pass von Ibañeta gäbe es heute keine Rolandstatue in Bremen und anderen Städten. Hier wurde er ermordet, der »heilige Roland«. Er gehörte zum Heer Karls des Großen, das auf Geheiß des fränkischen Herrschers auf Spanienfeldzug war. Einige islamische Statthalter wollten sich vom Emir in Cordoba unabhängig machen und hatten Karl um Hilfe gebeten. Das nutzte der Franke als Chance, um seinen Machteinfluss auf Nordspanien ausdehnen. Mit zwei Heeren fiel er auf die von den Mauren besetzte Iberische Halbinsel ein. Allerdings nicht um den Statthaltern zu helfen, sondern um Karls Reich zu vergrößern. Als ihm das nicht gelang, ließ er Pamplona zerstören. Das wiederum nahmen ihm die Basken übel, damals Waskonen genannt. Sie erwarteten das Heer am Pass von Ibañeta, denn die enge Passage sorgte dafür, dass sich der Tross in die Länge zog. So kam es, dass die Basken die Nachhut unter dem Befehlshaber Roland vom Rest abschneiden konnten, sämtliche Mannen fielen. Später wurde der Spanien-Feldzug Karls des Großen zum ersten Kreuzzug gegen die maurischen Heiden hochstilisiert und Roland zum Märtyrer. Minnesänger festigten im Mittelalter seinen Status als Volksheld. Im Laufe der Jahrhunderte wurde Roland zum Sinnbild der Stadtrechte und galt den freien Städten sogar als Gegensymbol zur Vorherrschaft der Kirchen.

Das Rolandsdenkmal bei Puerto de Ibañeta zeugt von der Schlacht bei Roncesvalles (Bilder unten). Auch der Palacio Real de Olite in Navarra ist Zeuge dieser Zeit (rechts).

PUERTO DE IBAÑETA

DIE SCHLACHT VON RONCESVALLES

Wunderschön ursprünglich und beinahe verwunschen wirkt der Wald auf dem Weg nach Roncesvalles nahe Navarra.

RONCESVALLES

In dem Dörfchen knapp unterhalb des Ibañeta-Passes, an dessen südlichen Fuß und mitten in den Pyrenäen gelegen, entschied sich 778 das Schicksal von Markgraf Roland, der im Gefolge Karls des Großen versucht hatte, die Mauren aus Saragossa zu vertreiben. Beim Rückzug des Heeres führte Roland die Nachhut an, geriet in einen Hinterhalt der Basken, denen es gelang, die Nachhut abzuschneiden, und wurde erschlagen. Die um seinen Tod rankenden Heldensagen wurden um 1080 zum »Rolandslied« zusammengefasst. Das alte Augustiner-Hospiz in Roncesvalles ist eine der ältesten Herbergen am Pilgerweg, die Stiftskirche geht auf 1127 zurück. Auch die kleine gotische Kirche Santa Maria entstand bereits im 13. Jahrhundert, sie birgt die Madonna von Roncesvalles, eine versilberte Statue aus Zedernholz.

Imposant ragt der steinerne Damm bei der baskischen Gemeinde Esteríbar in der Landschaft empor (links). Hier führt der Pilgerweg durch das Tal Esteríbar vorbei am Fluss Arga. Die Kirche Santa Maria (unten) trotzt schon lange dem Zahn der Zeit und wacht seit jeher über das Dörfchen, in dem die denkwürdige Schlacht um Roncesvalles ausgetragen wurde. Heute leben hier ganze 33 Einwohner.

RONCESVALLES: REAL COLEGIATA DE SANTA MARÍA

Überdacht von einem Baldachin sitzt sie da, in silbergewirktem Gewand auf einem prächtigen Bogen über dem Altar: die heilige Maria von Roncesvalles. Ihr ist die gleichnamige Stiftskirche gewidmet. König Sancho VII. gab Ende des 12. Jahrhunderts den Bau in Auftrag, 1219 wurde sie dann als erste gotische Kirche Navarras geweiht. Noch heute gilt sie als eine der schönsten Bauten im Stil der französischen Gotik auf der Iberischen Halbinsel. Aus den hohen Fenstern mit ihren bunten Scheiben dringt warmes Licht in die dunkle, dreischiffige Kirche. Kreuzrippengewölbe überspannen Mittel- und Seitenschiffe. Der Kirch- und Wehrturm kam nachträglich im 14. Jahrhundert dazu. Gleich neben der Stiftskirche liegt das Kloster von Roncesvalles, das heute unzähligen Pilgern auf dem Jakobsweg als einfache Übernachtungsstätte dient.

Im Kloster von Roncesvalles endet die erste Etappe. Abends ist es besonders schön, wenn Pilger aus aller Herren Länder auf der Terrasse und den Mauern sitzen und entspannt in der untergehenden Sonne ihre Erlebnisse austauschen, die heilige Maria von Roncesvalles aus Zedernholz (unten rechts) schon betrachtet haben und im Kloster selbst einen Moment zur Ruhe gekommen sind.

ETAPPE 2: VON RONCESVALLES NACH ZUBIRI

Flechten bedecken die uralten Buchen und Eichen in den Wäldern hinter Roncesvalles, die Morgensonne wirft lindgrüne Farbflecken auf den Waldboden. Von dort aus geht es in das Dorf Burguete mit dem gleichnamigen Hotel, in dem Ernest Hemingway bei seinen Angeltouren in dem Wald von Irati genächtigt hat. Das braune Klavier, das er in seinem Roman »Fiesta« beschreibt, steht heute noch dort. Auch die Zimmer haben sich seitdem kaum verändert. Der Jakobsweg führt von hier aus weiter durch Wald und Wiesenabschnitte in das Dorf Espinal und dann hinauf zum 801 Meter hohen Erro-Pass. Von hier oben eröffnen sich viele Panoramablicke auf die waldreiche Landschaft. Nach dem Passieren des Bergdorfes Lintzoain säumen die Pasos de Roldan den Camino Francés, längliche Steinformationen, die der Sage nach die Schrittlänge des Helden Roland vermessen sollen.

ETAPPE 2: VON RONCESVALLES NACH ZUBIRI

Die zweite Etappe des Camino Francés endet in Zubiri, dem »Dorf an der Brücke«. Über eben diese zweibogige gotische Brücke betreten die Jakobspilger auch heute noch den Ort. Der Weg führt vorbei an Auritz-Burguete und seiner wunderschön idyllischen Landschaft, die noch romantischer mit Regenbogen wirkt (unten). Unterwegs trifft der Pilgerer auch gerne mal auf Kühe und Pferde (links).

ETAPPE 3: VON ZUBIRI NACH PAMPLONA

Eine gotische Bogenbrücke aus grobem Stein überspannt den Arga. Der Fluss begegnet den Pilgern auf dieser Etappe immer wieder, und dem Bauwerk verdankt Zubiri (»Dorf an der Brücke«) seinen Namen. Auch hier zeigt sich, dass der Jakobsweg voller Legenden ist. So tragen die steinernen Bögen, die die Pilger vorm Eintreten in das Dorf überqueren müssen, den Namen »Puente de las Rabias«, Tollwut-Brücke. Früher ließ man Tiere einmal den mittleren Pfeiler umkreisen – das sollte sie angeblich vor Tollwut schützen. Von Zubiri aus führt der Camino Francés weiter über die kleinen Dörfer mit den eigentümlichen baskischen Namen Ilarratz und Ezkirotz, um schließlich bei der mittelalterlichen Brücke von Larrasoaña wieder dem Fluss Arga zu begegnen. Über die Dörfer Akerreta, Zuriain, Ilurdotz, Zabaldika geht es zur Magdalena-Brücke vor den Toren Pamplonas.

Urig wirkt die Brücke Puente de la Trinidad de Arre über dem Fluss Utizarra (unten) und fügt sich schon seit Jahrhunderten in das Landschaftsbild ein, sie überquert man kurz vor dem Etappenziel Pamplona. Vermutlich gab es hier schon seit Römerzeiten eine Brücke, die heutige Flussüberquerung stammt aus dem Mittelalter. Diese Etappe führt auch am kleinen Weiler Larrasoaña vorbei (links).

PAMPLONA

Die Stadt der Sanfermínes mit den berühmten Wettrennen der Stiere ist eine Gründung des römischen Generals Pompejus aus dem Jahre 75 v. Chr. Im 8. Jahrhundert herrschten hier die Mauren, ab 905 war die Stadt Hauptstadt des Königreiches Navarra, aus dem ab 1512 das Großreich Kastilien entstand. Heute ist die Plaza del Castillo mit den repräsentativen Häuserzeilen aus dem 18. und 19. Jahrhundert das lebendige Zentrum der Stadt. Recht eindrucksvoll ist die Fassade des Rathauses an der Plaza Consistorial mit ihren interessanten dorischen, ionischen sowie korinthischen Elementen. Die Kirche San Saturnino gegenüber war einst eine Wehrkirche. Ihr angeschlossen ist die Herberge für die Jakobswegpilger. Pamplona, auch bekannt unter dem Namen Iruña, auf Deutsch »die große Stadt«, liegt auf einer Hochebene beim Fluss Arga.

Die Stadt der berühmten Stierhatz von Sanfermines betreten die Pilger durch das mehr als 500 Jahre alte Portal de Francia. Eindrucksvoll leuchten auch die bunten Häuser der Paseo de Ronda (links). Ein Spaziergang lohnt sich selbstredend auch durch die Altstadt Pamplonas (unten) mit den Resten der Stadtmauer, die schon zur Zeit Karls des Großen im 8. Jahrhundert abgerissen wurde.

PAMPLONA: PLAZA DE CASTILLO

Dieser Platz ist das pulsierende Herz Pamplonas. Er ist im Laufe der Jahrhunderte organisch gewachsen und vereint unterschiedliche Baustile, etwa der neoklassizistische Palacio de Navarra, Regierungssitz der Provinz. Oder das altehrwürdige Café Iruña mit seinen verschnörkelten Jugendstilsäulen, in dem Ernest Hemingway regelmäßig seine Drinks zu sich nahm und in dem heute noch wie einst die alten Damen nachmittags bei einem Kaffee mit Wermut Klatsch und Tratsch austauschen. Oder das Hotel La Perla, wo nicht nur Künstler wie Charles Chaplin oder Orson Welles abstiegen, um die legendäre Stierhatz zu beobachten, sondern in dem auch Hemingway viele Male wohnte und das Gespräch mit den Toreros suchte. Mit seinem Meisterwerk »Fiesta« hat der Autor dieser Stadt und diesem Platz ein Denkmal gesetzt.

Viele Cafés und Restaurants an der Plaza del Castillo laden auch heute zum Draußensitzen und Genießen ein. Besonders einladend ist auch das Café Iruna von innen mit seiner ganzen Pracht und dem barocken Prunk (unten). Imposant erhebt sich der ebenso barocke Palacio de Navarra mit seinem prächtigen Thronsaal, in dem Originalgemälde von Francisco de Goya zu bewundern sind.

PAMPLONA: CATEDRAL DE SANTA MARÍA LA REAL

Wahrzeichen Pamplonas ist die Kathedrale Santa María la Real mit ihren rund 50 Meter hohen Türmen. Hinter ihrer klassizistischen Fassade verbirgt sich ein gotischer Innenraum nach französischem Vorbild. Dominierendes Ausstattungsstück ist die »Virgen del Sagrario« über dem Hauptaltar. Vor der romanischen Marienskulptur wurden im Mittelalter die Könige von Navarra gekrönt. Nicht versäumen sollte man den bis 1472 errichteten gotischen Kreuzgang mit seinen zahlreichen Grabplatten. In den beiden Osttürmen der Kathedrale befinden sich insgesamt elf Glocken, alle aus Bronze. Die älteste Glocke stammt aus dem Jahr 1519 – die la Gabriela. Sie ist gleichzeitig mit ihren Inschriften aus der Bibel die wichtigste des Ensembles. Acht weitere Glocken hängen zudem im Südturm, diese sind auch immer noch in Gebrauch. Im Nordturm befinden sich drei weitere Glocken.

PAMPLONA: CATEDRAL DE SANTA MARÍA LA REAL

Sie ist nicht umsonst das Wahrzeichen der Stadt Pamplona – so prägnant, wie die Kathedrale Santa María la Real im Stadtbild hervorsticht (unten). Im Hintergrund erheben sich genauso majestätisch die Ausläufer der Pyrenäen. Ebenso erhaben wirkt auch der Innenraum der Kathedrale mit seinen gotischen Elementen sowie den Gräbern von Karl III. und seiner Ehefrau Eleanor im Zentrum der Kirche.

Die Kathedrale besteht aus drei Schiffen mit großen gotischen Arkaden; in einem Teil des Baus ist das Diözesanmuseum untergebracht.

FIESTA DE SAN FERMÍN

Niemand weiß, wann das berühmte Fest entstanden ist, aber man begeht die Fiesta de San Fermín bereits seit dem 14. Jahrhundert. Jedes Jahr im Juni feiert Pamplona eine Woche lang das Fest des heiligen Fermin, der in christlicher Frühzeit in Pamplona geboren worden sein soll und Schutzpatron der Bäcker, Weinhändler und Küfer ist. Höhepunkt dieses Fests ist der »encierro«: Jeden Morgen um acht Uhr kündigt ein Böller den Beginn des Laufs an. Die Stiere werden aus dem Pferch von San Domingo auf einer Strecke von 848 Metern quer durch die Altstadt bis in die Arena getrieben. Wer von den Männern tollkühn ist, versucht, vor den Stieren her zu laufen. Dieses Ritual wiederholt sich jeden Morgen, acht Tage lang. Nur drei Minuten dauert die gefährliche Jagd gewöhnlich. In Weiß mit roter Schärpe und rotem Halstuch kann dabei jeder mitlaufen, Einheimische ebenso wie Touristen, die sich leider oft selbst überschätzen. In der Arena finden tagsüber Stierkämpfe mit professionellen Matadoren statt. Pamplona befindet sich in der Festwoche im Ausnahmezustand, die Bodegas und Straßen sind Tag und Nacht mit feiernden Menschen gefüllt. Ernest Hemingway hat dies in seinem Roman »Fiesta« leidenschaftlich beschrieben und dem Fest damit zur Unsterblichkeit verholfen.

FIESTA DE SAN FERMÍN

Im Mittelpunkt des berühmten Festes steht der *encierro* – der Stierlauf, bei dem die Stiere durch die Straßen getrieben werden (unten). Bei dem Stierkampf werden die Tiere dann getötet. Weniger brutal geht bei der Eröffnung des Festes zu – der *chupinazo* (ganz links). Bei der *Gigantes y Cabezudos*, einem Festumzug, werden Masken populärer Figuren der spanischen Volkstradition getragen (links).

ETAPPE 4: VON PAMPLONA NACH PUENTE LA REINA

Diese Etappe startet am Dom von Pamplona, vorbei am Universitätsgelände geht es über die hübsche steinerne Azella-Brücke über den Fluss Sadar in Richtung des kleinen Dorfes Cizur Menor. Hier stand einst ein Johanniterkloster, von dem nur noch der romanische Kirchenbau übriggeblieben ist. Im nächsten Ort Guenduláin recken sich verlassene Ruinen gespenstisch in die Höhe, darunter eine einstige Burg. Auf dem Alto del Perdón steht nicht nur der Schrein der heiligen Jungfrau von Perdón, sondern auch eine der meistfotografierten Skulpturen des Jakobsweges – der eiserne Pilgerzug. Die Landschaft bietet hier oben nicht nur eine weite Aussicht über das Pamplona-Becken, nach dem Abstieg locken nahe Muruzábal von prächtigem Rot durchtüpfelte Mohnfelder. Von hier aus geht es zum Etappenziel, wo der Camino Francés auf den aragonesischen Jakobsweg trifft.

Raus aus der Stadt begegnen dem Pilger auf seinem Weg von Pamplona nach Puente la Reina brillante Naturbilder. Leuchtender Klatschmohn, so weit das Auge reicht, sticht im Kontrast zum dunklen Himmel bei Uterga rot hervor (unten). Und immer wieder imponieren alte Burgen und andere trutzige Bauwerke entlang des Pilgerweges, umgeben von Feldern, Bergen und Wäldern (links).

PUENTE LA REINA

Der Ortsname geht auf die im 11. Jahrhundert erbaute fünfbogige Fußgängerbrücke Puente Regina zurück, eine Stiftung von Doña Mayor, der Gattin des navarresischen Königs Sancho el Mayor. Die romanische Pilgerbrücke über den Río Arga ist die schönste am gesamten Jakobsweg. Gleich am Ortseingang steht neben dem alten Pilgerhospital die von Tempelrittern erbaute Iglesia del Crucifijo aus dem 12. Jahrhundert mit einem Kruzifix aus dem 14. Jahrhundert. Das ehemalige Templerkloster zeigt neben romanischen Elementen auch einen spätgotischen Stil. Die Pfarrkirche hat eine romanische Fassade und dazu eine barocke Innenausstattung. Interessant ist der geschnitzte Santiago Beltza, der »Schwarze Jakobus«. Die Santiago-Kirche, die aus dem 12. bis 16. Jahrhundert stammt, ist ebenfalls einen Besuch wert.

ALTO DEL PERDÓN

Der Alto del Perdón (»Berg der Läuterung«) bildet den Übergang des Camino Francés über die Sierra del Perdón in Navarra.

Die schönste Brücke auf dem Jakobsweg (ganz links) hat eine lange Geschichte, konstruiert wurde sie bereits im 11. Jahrhundert. Sie hat schon unzählige Pilgerfüße gespürt und die Menschen sicher über den Río Arga geführt. Die Einheimischen heißen die zahlreichen Wanderer gerne willkommen (links). Die Hauptstraße in Puente la Reinas Altstadt punktet mit ihren Bauwerken (unten).

Um die Pilgerströme zu bewältigen, wurde die Brücke bereits im 11. Jahrundert konstruiert, da die Flussüberquerung gefährlich war.

PUENTE LA REINA: IGLESIA DE SANTIAGO

Schon von Weitem sieht man sie, die älteste Kirche der Stadt überragt mit ihrem Glockenturm alle anderen Gebäude von Puente la Reina. Die Iglesia de Santiago wurde im 12. und 13. Jahrhundert erbaut und im 16. Jahrhundert erweitert. Wer genau hinschaut, wird schon an der Farbe der Steine die unterschiedlichen Baustile erkennen: den ältesten, romanischen Teil mit seinen Skulpturen, an denen der Zahn der Zeit genagt hat, und in dem noch maurische Einflüsse erkennbar sind, und den neuen und besser erhaltenen Gebäudeteil aus der Renaissance. Die Architektur des mächtigen Hauptportals ist wiederum maurisch-romanisch geprägt. Kaum ein Pilger versäumt auch den Blick ins Innere des Gotteshauses, wo eine Holzstatue den heiligen Jakob, den »Santiago«, mit Stab und Jakobsmuschel als Pilger darstellt.

Durch Wind und Wetter verwittert ist die Darstellung von Szenen aus der Schöpfungsgeschichte, die das Hauptportal der Kirche umrahmt (unten). Das Innere der Iglesia de Santiago ist fast noch spektakulärer als das Äußere, und keiner sollte es versäumen, die Kirche zu betreten und den Altar zu bestaunen (links). Die stattlichen Säulen und die gewölbten Decken sind ebenso eindrucksvoll.

PUENTE LA REINA: IGLESIA DEL CRUCIFIJO

Die »Kruzifix-Kirche« steckt voller Geheimnisse – sie wurde vom Templerorden gegründet. In der Apsis des gotischen Schiffs befindet sich auch ein Holzkruzifix, dessen Ursprung als rätselhaft gilt. Einige Quellen sagen, dass es sich um ein Werk der Templer handelt. Andere wiederum halten es für eine Schöpfung deutscher Holzschnitzer wegen seiner Y-Form, die typisch für spätgotische Kirchenkunst aus dem Rheinland war. Angeblich ist das Kreuz ein Geschenk von Pilgern aus dieser Region. Noch andere Quellen sagen, das Kruzifix könne nur ein italienisches Werk sein, wegen der herausgearbeiteten Gesichtszüge und der Fußstellung der Figur. Auch das Eingangsportal der Kirche gibt Rätsel auf: Drei Gewändebögen umspannen die Tür, der erste schlicht und unverziert, der zweite mit Pilgermuscheln. Der dritte zeigt nicht nur Engel, sondern auch Löwen und Drachen.

PUENTE LA REINA: IGLESIA DEL CRUCIFIJO

Hier kommen mehrere Baustile zusammen und vereinen sich zu einer geheimnisvollen Kirche. Romanische, gotische und sogar barocke Elemente zeugen von der Entstehung und den durchlebten Epochen des Gotteshauses. Von außen wirkt die Kruzifix-Kirche mit ihrem steinernen Gewand recht geradlinig (unten), im Inneren dominieren die runden Gewölbe der Romanik (links, im Bild das Kruzifix).

ETAPPE 5: VON PUENTE LA REINA NACH ESTELLA

Mit dem Zusammentreffen des navarrischen und des aragonesischen Jakobswegs in Puente la Reina beginnt der »eigentliche« Jakobsweg gen Santiago. Bevor es die rund 20 Kilometer lange Etappe durch sanft hügelige Landschaft bis Estella geht, führt der Weg über die eindrucksvolle frühmittelalterliche Brücke, die den Arga überspannt. Unterwegs lädt das kleine Örtchen Cirauqui mit seinen komplett erhaltenen mittelalterlichen Straßenzügen im Ortskern zu einer Rast ein. Von dort führt eine alte Römerstraße vorbei an Zypressen und Olivenbäumen. Die Etappe läuft in weiten Teilen parallel der Fernstraße und endet im rund 13 000 Einwohner zählenden Estella, das man wegen seiner Tallage erst erblickt, wenn es fast schon erreicht ist. Die Stadt ist von vielen gut erhaltenen romanischen Bauten geprägt; ihr Highlight ist neben einigen Kirchen der Palast der Könige von Navarra.

Vom kleinen beschaulichen Puente la Reina geht der eigentliche Jakobsweg weiter durch wunderschöne romantische Landschaften, die mit sanften Hügeln, wilden Feldern und Pastellfarben im Abendlicht bezaubern und auch genauso gut als Gemälde an Wänden zu finden sein könnten (unten). Vorbei geht es an der Iglesia de San Roman in Cirauqui (ganz links) und kleinen bäuerlichen Ortschaften (links).

ESTELLA

Die alte Königsresidenz umfasste in ihrer Blütezeit nicht weniger als 20 Kirchen, Klöster und Kapellen. Überquert man die Brücke über den Fluss Ega, gelangt man problemlos zu den Sehenswürdigkeiten der Stadt, unter denen besonders die Kirche San Juan Bautista (gegenüber den Kolonnaden der Plaza de los Fueros) oder die Kirche San Miguel hervorzuheben sind; beide Kirchen besitzen beachtenswerte Skulpturen aus romanischer Zeit. An den Hof von Navarra erinnern der ehemalige Königspalast (12. Jahrhundert) an der Plaza San Martín, in dem heute das Museum für bildende Künste (Museo Maetzu) untergebracht ist, und der Renaissance-Palast, der heute als Rathaus dient. In der Umgebung des Ortes sind zahlreiche historische Sehenswürdigkeiten unbedingt einen Besuch wert, darunter das Kloster Nuestra Señora de Irache.

Malerisch zeigt sich das kleine Städtchen Estella mit seiner Altstadt und dem Flüsschen Ega (unten) – ein Ort zum Einkehren und Verweilen. Spazierengehen und die Eindrücke in sich aufnehmen sollte man auf der Straße San Nicolas (links), die durch die Ortschaft vorbei an Sehenswertem führt. Man sollte sich auch den einzigen erhaltenen romanischen Profanbau Navarras anschauen, den Palast der Herzöge von Granada de Ega.

ESTELLA: PALACIO REAL

Der Palast der Könige von Navarra, der Palacio de los Reyes de Navarra, ist auf seiner Vorderseite reich mit Bögen und doppelten Öffnungen versehen – typisch für die romanische Profanarchitektur aus dem 12. Jahrhundert. Bereits 1931 hat man den rechteckigen Bau mit seinen zwei markanten Türmen, der auch als Palast der Herzöge von Granada de Ega bekannt ist, unter Denkmalschutz gestellt. Seine Fassade ist dreigeteilt: Unten befinden sich vier Rundbögen, die auf Säulen mit verzierten Kapitellen ruhen. Darüber sind vier Fenster angeordnet, die jeweils oben von vier Rundbögen abgeschlossen werden. Die Kapitelle sind zum Teil mit Pflanzenornamenten verziert. Am bekanntesten ist das Kapitell, das den Kampf des heiligen Roland gegen Ferragut, einen maurischen Riesen, zeigt. Der Palast beherbergt heute das Museum des lokalen Künstlers Gustavo de Maeztu.

Wie mit einer Zeitmaschine direkt in das Mittelalter zu längst vergangenen Zeiten hineinkatapuliert fühlt man sich hier, mitten in Estella. Hauptsehenswürdigkeit ist der Palast der Herzöge von Granada de Ega. Im 12. Jahrhundert erbaut, dann aber mehr und mehr dem Verfall preisgegeben, wurde der Palast in jüngerer Zeit restauriert und 1991 in ein Museum verwandelt. Seine äußere Erscheinung wirkt sehr kompakt.

ESTELLA: IGLESIA DE SAN PEDRO DE LA RÚA

Die größte Kirche der Stadt steht auf einer Anhöhe an der Stelle, an der sich früher die Burg von Estella-Lizarra befand. Der massive Turm an der Westseite des Gebäudes verleiht ihm auch heute noch ein wenig das Aussehen einer Wehranlage. Die romanische Kirche gegenüber dem Palast der Könige beeindruckt durch ihren Kreuzgang von 1170 – von dem heute allerdings nur noch der Nord- und der Westflügel erhalten sind. Er nimmt die Bildsprache des Jakobswegs mit vielen Pflanzen- und Tiermotiven auf. Sehenswert ist auch der Portikus aus dem 13. Jahrhundert, dessen opulente Kleeblattbögen vom arabischen Einfluss auf das Bauwerk zeugen. Innen lohnt der Blick auf die zahlreichen romanischen und gotischen Skulpturen, darunter eine Marienfigur aus Bethlehem, der heilige Petrus und das romanische Chorgestühl. Sehenswert ist auch die San-Andrés-Kapelle mit barockem Stuckwerk.

Die schönste der vielen Kirchen von Estella ist San Pedro de la Rúa aus dem 12. Jahrhundert. Ihre drei gotischen Schiffe haben jeweils romanische Apsiden, das Hauptgewölbe wurde im 17. Jahrhundert geschlossen. Kostbarste Stücke der Ausstattung sind eine Marienfigur aus dem 12. und ein Christus aus dem 14. Jahrhundert. Interessant sind die Reste des romanischen Kreuzgangs mit fein gearbeiteten Kapitellen.

ESTELLA: IGLESIA DE SAN MIGUEL

Auf einem Felsvorsprung thront die schlicht-schöne Kirche San Miguel im gleichnamigen Stadtteil Estellas, der sich bis heute seine mittelalterliche Atmosphäre bewahrt hat. Die Ostfassade des im 12. Jahrhundert errichteten und Ende des letzten Jahrhunderts aufwendig restaurierten Gebäudes schmückt ein zierlicher barocker Turm, während ein massiger mittelalterlicher Turm die Westfassade dominiert. Das herausragende Schmuckstück ist das reich verzierte spätromanische Nordportal. Eine lange Treppe führt zu ihm hinauf. Hier offenbart sich die romanische Bildhauerkunst in ihrer vollen Blüte, etwa in der Darstellung von Christus, der von Symbolen der vier Evangelisten umgeben ist. Im Innenraum gehört das Altarbild der heiligen Helena aus dem Jahr 1406 zu den wichtigsten Kunstschätzen, außerdem der Hauptaltar aus dem 18. Jahrhundert, der den heiligen Michael zeigt.

In Stein gemeißelt: Das Nordportal der Kirche San Miguel mit seinen reichen Verzierungen, die christliche Symbole und biblische Figuren zeigen, zieht alle Blicke auf sich (links). Hinter der mittleren Brücke über die Ega ragt fast schon unscheinbar, da sie sich perfekt in das mittelalterliche, urige Stadtbild einfügt, die Kirche empor und wirkt mit ihrem barocken Turm und den anderen Gebäudeteilen verschachtelt (unten).

Bis ins kleinste Detail akribisch ausgearbeitet, zeigt das Nordportal der Iglesia de San Miguel eindrucksvolle Bildhauerkunst.

ESTELLA: IGLESIA DEL SANTO SEPULCRO

Sie blieb unvollendet: Die Santo-Sepulcro-Kirche in Estella wurde während der wirtschaftlichen und kulturellen Blüte der Region im 12. Jahrhundert errichtet, doch die Arbeiten kamen zwei Jahrhunderte später zum Erliegen. Nur das Evangelienschiff mit romanischer Apsis und gotischer Fassade aus dem ausgehenden 13. Jahrhundert ist vollendet worden. Die Stile dieser Zeit mischen sich in dem mittelalterlichen Bau. Am Ende der Calle Curtidores, der ehemaligen Pilgerstraße, am Flussufer gelegen, beeindruckt heute vor allem das bildgewaltige Hauptportal. Hier stellt die gotische Bildhauerei in einer Galerie mit zwölf kleeblattförmigen Bögen die Apostel und Szenen aus dem Leben Jesu dar. Der Innenraum der Kirche ist Besuchern leider nicht zugänglich. Von hier ist es aber nur ein kurzer Spaziergang zu den anderen Sehenswürdigkeiten Estellas.

Unvollendete Pracht: Wie das Portal der Iglesia de San Miguel imponiert auch das Hauptportal der unfertigen Iglesia del Santo Sepulcro mit detailreicher Bildhauerkunst, hier im gotischen Stil (links). Trotz ihrer Unvollständigkeit erscheint das gesamte Gotteshaus, aus unterschiedlchen Stilen zusammengesetzt und vermischt mit dem mittelalterlichen Ursprungsbau, massiv und kompakt.

ETAPPE 6: VON ESTELLA NACH LOS ARCOS

Kaum ein Pilger lässt es sich entgehen: Drei Kilometer hinter Estella liegt das beeindruckende Kloster Irache am Berg Montejurra. Von dort aus führt der Camino Francés durch Steineichenwäldchen und über Feldwege durch das Dorf Azqueta mit seiner dem heiligen Petrus gewidmeten Kirche aus dem 16. Jahrhundert. Es folgt das Dorf Villamayor de Monjardín, auf dessen Hausberg die Ruine der gleichnamigen Burg thront. Sie wurde einst im 9. Jahrhundert von den Mauren errichtet und Anfang des 10. Jahrhunderts von König Sancho I. erobert. In der Nähe passiert der Jakobsweg die gotische Zisterne, auch Fuente del Moro (»Maurenquelle«) genannt, die die Mauren im 9. Jahrhundert errichteten und die erst kürzlich restauriert wurde. Vorbei an Weinbergen, Weizenfeldern und Olivenbäumen führt es die Pilger schließlich bis ins Etappenziel Los Arcos.

Natur pur in prächtigen Farben, schier endlose Weite, Blumenfelder so groß, dass das Ende kaum auszumachen ist, unter den bizarrsten Wolkenhimmeln mit grandiosem Lichtspiel: Der Weg von Estella nach los Arcos führt durch märchenhafte Landschaften, die allein vom Anblick Balsam für die Seele sind – so strahlend blühen goldener Raps und goldgelbe Sonnenblumen um die Wette.

MONASTERIO DE SANTA MARÍA LA REAL DE IRACHE

Das am Fuße des Berges Montejurra gelegene ehemalige Benediktinerkloster gehört zu den ältesten Navarras und war bereits im Mittelalter eine wichtige Pilgerherberge. Die romanische Kirche des massiven Baus stammt aus dem 12. und 13. Jahrhundert und ist als basilikales Langhaus mit drei Schiffen angelegt, die jeweils in einer Apsis enden. Dem Kreuzgang im Platereskenstil, der von 1540 bis 1586 entstand, liegen Pläne von Martín de Oyarzábal zugrunde. Das Kloster Irache beherbergte fast drei Jahrhunderte lang, von 1534 bis 1824, eine Universität, die die unbefleckte Empfängnis Mariä zu verteidigen hatte. Heute steuern viele Pilger die gleich neben dem Kloster gelegene Weinkellerei Bodegas Irache an, die den Wanderern in der Tradition benedektinischer Gastfreundschaft kostenlosen Wein aus einem Zapfhahn anbietet.

Im Kloster wird die »Virgen del Puy« verehrt, deren Bildnis Hirten 1085 unter freiem Himmel gefunden haben sollen. Eine Kuriosität ist der Weinkeller der Kirche, der über einen Hahn mit der Außenwand verbunden ist, damit sich die dort rastenden Pilger auf ihrem Weg nach Santiago de Compostela am Wein laben konnten. Die Kellerei stellt täglich 70 Liter Rotwein zur Verfügung.

LOS ARCOS

Wie viele der umliegenden Orte, gehen auch die Ursprünge von Los Arcos – auf halber Strecke zwischen Estella und Viana – auf eine Siedlung an einer mittelalterlichen Burg zurück. Reste dieser Befestigungsanlage finden sich bis heute auf dem Berg über der Stadt, auch Spuren römischer Zeit hat man in der Region gefunden. Für die Wasserversorgung des Marktfleckens mit seinen 1300 Einwohnern sorgt der Fluss Río Odrón. Wichtigste Sehenswürdigkeit in dem Ort ist die Pfarrkirche Santa Maria. Sie besticht mit einem bunten Stilmix aus gotischem Kreuzgang, barockem Hochaltar und einer Orgel aus dem Rokoko. Von ihrer Geschichte und ihren Besitzern erzählen die steinernen Familienwappen an den Häusern in der Calle Mayor. Zum zentralen Plaza Mayor gelangt man durch ein gemauertes Tor mit Rundbogen, das drei Wappen schmückt.

Kulinarische Spezialität der Stadt sind die »Rosquillas de Los Arcos«, eine Art Kekse aus Mehl, Eiern, Zucker und Orangensaft, die in Olivenöl frittiert werden. Zudem wird in der Region auch Wein angebaut (links). Die Altstadt von Arcos lädt mit der Straße Santa María (unten) zum ausgiebigen Bummeln ein oder dazu, in einem der zahlreichen Cafés zu verweilen und die örtlichen Speisen zu genießen.

LOS ARCOS: IGLESIA DE SANTA MARÍA

Ganz unterschiedliche Baustile vereint die wichtigste Kirche von Los Arcos in sich: Im 12. Jahrhundert einschiffig errichtet, hat man das heute im Inneren fast schon überbordend verzierte Gebäude im Laufe der Jahrhunderte immer wieder der Architektur des Zeitgeistes angepasst, von der Spätromanik und Frühgotik über die Renaissance bis zum Barock. Sehenswert sind neben dem herrlichen Renaissanceportal der Hochaltar aus dem 17. Jahrhundert mit seiner gotischen Marienfigur, verschiedene Altarbilder im Rokoko- und Barockstil, das manieristische Chorgestühl und der Kreuzgang aus dem 16. Jahrhundert. Die Kirche besitzt darüber hinaus eine der bemerkenswertesten Orgeln Navarras – sie stammt aus dem Jahr 1760, ist ganz in Gold- und Blautönen gehalten und verfügt über drei Reihen Orgelpfeifen. Neun geschnitzte musizierende Engel schmücken das Gehäuse.

LOS ARCOS: IGLESIA DE SANTA MARÍA

Die Kirche mit einigen Superlativen: Die Iglesia de Santa Maria ist die wichtigste Kirche des Ortes und birgt die faszinierendsten Orgeln Navarras, die mit ihren Gold- und Blautönen auffallend gestaltet sind (unten). Überhaupt ist der Innenraum der Kirche mit reicher Überbordung an Schmuckelementen und Malereien (links) nahezu reizüberflutend, im Vergleich dazu wirkt das Äußere fast schlicht (ganz links).

ETAPPE 7: VON LOS ARCOS NACH LOGROÑO

Frühaufsteher können auf der knapp 30 Kilometer langen Etappe nach Logroño einen herrlichen Sonnenaufgang erleben. Einziges Manko: Man muss rückwärts laufen, denn der Weg führt westwärts. Man lässt das hübsche Los Arcos mit seinen engen Gassen, herrschaftlichen Barockhäusern, der Burgruine und der prachtvollen Iglesia de Santa María hinter sich. Weinfreunde werden sich freuen, denn auf dieser Etappe verlassen sie Navarra und wandern in die Weinregion Spaniens, nach Rioja. Passiert werden dabei auch Sansol mit seiner barocken Pfarrkirche San Zoilo und das charmante Torres del Río. Dort steht die Iglesia del Santo Sepulcro, von der man annimmt, dass sie einst vom Templerorden erbaut wurde. Etappenziel ist das uralte Logroño im Ebrotal. Dessen Ursprung lässt sich schon auf die Kelten im 1. Jahrhundert nach Christi Geburt zurückverfolgen.

Für Weinfreunde ein wahr gewordener Traum: So wandern die Pilger durch eine der bekannstesten Weinanbauregionen Spaniens – Rioja. Neben viel Natur sind auch die kleinen Städtchen sehenswert wie Torres del Río (unten) – »Türme am Fluss« –, der Fluss, der gemeint ist, ist der Río Linares. Das Städtchen lockt auch mit seiner Kirche des heiligen Sepulchre mit dem Gewölbe, das sich wie ein einfarbiges Kaleidoskop gestaltet (links).

LOGROÑO

Die Hauptstadt La Riojas ist das Handelszentrum der Region, aber durchaus auch eine elegante Stadt mit breiten Boulevards, die zum Flanieren einladen. Das Angebot an Geschäften ist hier sehr vielfältig. Zu den Attraktionen in der Altstadt rechnet man die Iglesia Imperial de Santa María del Palacio, 1130 von Alfons VII. gestiftet, und die Iglesia San Bartolomé, eine wunderschöne kleine Kirche aus dem frühen 14. Jahrhundert. An der Grenze zwischen Altstadt und moderner Neustadt befindet sich der Garten El Espolón, ein beliebter innerstädtischer Treffpunkt. Einen Abstecher lohnt der kleine Ort Clavijo. Hier in der Nähe soll im Jahr 844 die Schlacht von Clavijo ausgetragen worden sein, bei der – der Legende nach – der Apostel Jakob mit seinem Eingreifen Ramiro I. zu einem Sieg über Abd ar-Rahman II. verhalf. Sehenswert in dem kleinen Örtchen ist die Burg Castillo de Clavijo.

Heute ist Logroño die Hauptstadt der Provinz und Weinregion La Rioja. Die mittelalterliche Brücke Puente de Piedra (»Steinerne Brücke«) aus dem 12. Jahrhundert wurde 1884 nachgebaut (links), nachdem sie verfallen war. Die Altstadt von Logroño lädt mit ihren Prachtbauten zum Schlendern und Staunen ein – etwa mit einem Abstecher zur Konkathedrale Santa María de la Redonda (unten).

LOGROÑO: CONCATEDRAL DE SANTA MARÍA DE LA REDONDA

Unter den Sehenswürdigkeiten von Logroño ist die Konkathedrale Santa María la Redonda besonders erwähnenswert, insbesondere die filigran verzierten Zwillingstürme des Architekten Martín de Beratúa sowie das platereske Altarbildnis in der Capilla de los Reyes. Der Bau stammt aus dem 15. Jahrhundert, sein kostbarstes Stück ist ein Kreuzigungsbild im Chorumgang, das angeblich von Michelangelo Buonarroti (1475–1564) höchstselbst stammen soll; wahrscheinlicher ist aber eine Anfertigung durch Schüler aus dessen Werkstatt. Die Kirche trägt den ungewöhnlichen Titel »Konkathedrale« deshalb, weil das Gotteshaus seinen ursprünglichen Rang als Bischofssitz verloren hat. Nichts an Glanz verloren hat dagegen das Hauptportal, das die Muttergottes umrahmt von Engeln und den vier Evangelisten darstellt.

Das äußere Erscheinungsbild der Konkathedrale Santa María de la Redonda ist durch die auffälligen Zwilingstürme geprägt (links). Die Kirche wurde auf einem romanischen Tempel aus dem 12. Jahrhundert erbaut. Im Inneren ragen das Deckengewölbe mit seinen Verzierungen und der prachtvolle Altar mit dem plateresken Altarbildnis in der Capilla de los Reyes heraus (Bilder unten).

WEINE UND TAPAS

Bereits die Römer brachten den Wein in das Ebrobecken, der seitdem den Großteil der Landwirtschaft ausmacht. Im 17. Jahrhundert ging die Sorge um den Wein so weit, dass Ochsenkarren nicht mehr an den Kellereien vorbeifahren durften, um Erschütterungen der Fässer zu vermeiden. Ausgerechnet die Reblaus brachte den großen Durchbruch, nachdem sie die Reben der Franzosen vernichtet hatte. Weil die Franzosen nicht länger ohne Wein sein wollten, importierten sie Traubenmost, den sie zu berühmten Bordeauxweinen reifen ließen. Die Spanier schauten sich das ab, vergrößerten ihre Keller und die Riojaweine traten den Siegeszug an. Heute werden hauptsächlich die Rebsorten Tempranillo, Garnacha und Graciano angebaut, aber auch Weiß- und Roséweine. Zu einem Glas Wein gehört auch immer eine Kleinigkeit zu essen, Tapas gehören in Spanien dazu. »Tapear« sagen die Einheimischen, wenn sie von einer Theke zur nächsten ziehen. Tapa heißt eigentlich »Deckel« und bezeichnete ein Stück Brot oder Schinken, das auf das Glas gelegt wurde, um den Wein vor Fliegen zu schützen. Mit der Zeit wurde der Belag immer opulenter, sodass Käse, Oliven, Chorizo oder Sardellen auf einem Tellerchen angerichtet wurden. Inzwischen sind daraus kleine Gerichte geworden.

WEINE UND TAPAS

In Logroño ist die Calle Laurel (alle Abbildungen) bekannt für ihre einzigartigen Tapas-Bars. Warm, kalt, Fisch oder Fleisch, jede Bar hat ihre eigenen Spezialitäten. Bei so viel Auswahl fällt die Entscheidung schwer, allein die Düfte locken verheißungsvoll und verleiten zum Niederlassen. Da dürfen die Teller auch ordentlich beladen werden – am besten schmeckt es, wenn man sich die ganze Auswahl einfach teilt.

LOGROÑO: IGLESIA DE SAN BARTOLOMÉ

Die Iglesia de San Bartolomé ist die älteste Kirche der Stadt, Ende des 13. Jahrhunderts erbaut und im 15. und 16. Jahrhundert restauriert. Sechseckige helle Säulen trennen im Inneren drei Kirchenschiffe. Noch mehr Raum verleiht der Kirche das Kreuzgewölbe, das sich fast über den gesamten Bau erstreckt. Verschiedene Baustile vereint das Gotteshaus. Romanisch ist das Chorhaupt, das von einer halbkreisförmigen Apsis gebildet und von einem Tonnengewölbe gekrönt wird. Der größte Teil der Kirche ist gotisch, einschließlich der Fassade, die mit Statuen geschmückt ist, die das Leben des heiligen Bartolomäus erzählen. Der eckige Glockenturm zählt zur Mudejar-Architektur, der gotische und maurische Stilelemente verquickt. »Mudéjares« hießen die »zum Bleiben erlaubten« Muslime, die in Spanien blieben und ihre Spuren hinterließen, nachdem die Iberische Halbinsel von den Christen zurückerobert worden war.

Sinnbild der Bildhauerkunst ist das Portal der ältesten Kirche der Stadt; es besticht mit seiner Detailverliebtheit. Die gotischen Elemente des Portals sind Zeugen dieser Stilepoche, im Inneren ist aber vor allem die Romanik vertreten.

LOGROÑO: IGLESIA DE SANTIAGO EL REAL

Mit erhobenem Schwert und wehender Fahne prescht Santiago Matamoros (Sankt Jakobus der Maurentöter) auf seinem Pferd über die abgeschlagenen Köpfe seiner Feinde. So martialisch die Skulptur über dem Hauptportal der Iglesia de Santiago el Real ist, im Inneren der Kirche aus dem 16. Jahrhundert trifft man Santiago wieder. Diesmal unbewaffnet, in friedlicher Absicht, als Pilger. Jakobus der Ältere gehörte zu den Jüngern Jesu und soll in der Schlacht von Clavijo, in der Christen gegen Mauren kämpften, den Sieg herbeigeführt haben. Auf dem Jakobsplatz vor der Kirche ist ein großes Mosaik aus weißen Gänsen und Spielfeldern in den Boden eingearbeitet. Die Felder des Juego de la oca (»Gänsespiel«) sollen die Stationen des Jakobswegs symbolisieren und das Spiel hat noch eine Gemeinsamkeit mit der Pilgerreise: Es ist genauso schwer nach Santiago zu kommen, wie das Ziel des Spielfelds zu erreichen.

Wenig spektakulär und pompös wirkt die Iglesia de Santiago el Real in ihrem äußeren Erscheinungsbild. Dennoch hat auch sie schon Jahrhunderte überdauert und ihre große Bedeutung darin, dass sie dem Jakobus gewidmet ist.

LOGROÑO: IGLESIA DE SAN BARTOLOMÉ

LOGROÑO: IGLESIA DE SANTIAGO EL REAL

ABSTECHER: CASTILLO DE CLAVIJO

In Clavijo, einem kleinen, heute fast menschenleeren Ort 17 Kilometer südlich von Logroño in den Ausläufern der Camero-Berge, sind noch bedeutende Reste der gleichnamigen Burg erhalten, die sich auf einem strategisch günstigen Platz zwischen der tiefen Schlucht des Leza und dem Tal des Iregua befindet. Daher wurde sie im 10. Jahrhundert an dieser Stelle von den Mauren errichtet. In der Umgebung der Festung (Campo de la Matanza) hat Ramiro I. im Jahr 844 einen legendären Sieg über die arabischen Truppen von Abd ar-Rahman II. errungen, deren Parole »Greif an, Spanien!« in die Geschichte eingehen sollte. Die erste verbürgte Erwähnung der Burg spricht davon, dass dort Fernán González, Graf von Kastilien, nach seiner Niederlage im Jahr 960 gefangen gehalten wurde. Die Burg soll in 923 schon an die christlichen Truppen unter Ordoño II. von León und Sancho I. von Navarra gefallen sein. Belegt ist auch, dass Sancho Garcés III. die Burg im Jahr 1033 dem Kloster San Martín de Albelda übergab. Die Burg steht seit dem Jahr 1931 unter Denkmalschutz und wurde schon mehrfach behutsam restauriert. Im Jahr 1969 wurde die Burg dann an die Provinz Logroño übertragen. 1970 wurde sie dann teilweise restauriert. Unter der Leitung des Architekten Julio Sabrás wurde der Bergfried 1999 restauriert.

Auch wenn nur noch Teile von ihm erhalten sind, erhebt sich das Castillo de Clavijo auf seinem Berg über der tiefen Schlucht des Leza und dem Tal des Iregua erhaben und stolz gen Himmel. Mit behutsamen Restaurierungen über die Jahrzehnte hinweg konnten die Reste der Burg aus dem 10. Jahrhundert erhalten werden und bescheren den Pilgern auf ihrem Weg über den Jakobsweg noch heute denkwürdige Anblicke.

IM EBROTAL

Im Westen des Kantabrischen Gebirges – die westliche Verlängerung der Pyrenäen, dessen höchster Gipfel der Berg Torre de Cerredo mit 2648 Metern ist –, nur etwa 60 Kilometer vom Atlantik entfernt, entspringt der Ebro und wird sofort zu einem großen See aufgestaut. Mit einer Länge von 930 Kilometern ist er der längste Fluss auf der gesamten Iberischen Halbinsel und durchfließt ganz Nordspanien, um schließlich in einem breiten Delta in Katalonien ins Mittelmeer zu münden. Aufgrund seiner sehr unterschiedlichen Wassertiefe ist er nur an wenigen Stellen schiffbar. Eine Anzahl von Stauseen, die aus den Wasserläufen der Pyrenäen gespeist werden, sind für ihren Fischreichtum bekannt. So kommen wegen der großen Welse Angler aus ganz Europa zum Stausee Riba-Roja, der nur wenige Kilometer von der katalonischen Küste entfernt liegt. Von seiner Quelle fließt der Ebro durch die grünen Weiden von Kantabrien, die Täler des Rioja, durch das trockene Ebro-Becken von Aragonien, wo die Landwirtschaft auf künstliche Bewässerung angewiesen ist, und durch weite Teile Kataloniens, bevor er bei Tortosa das Meer erreicht. Das Naturschutzgebiet dort ist einer der größten Lebensräume für Seevögel. Dünen, Lagunen und Reisfelder prägen das Bild der Landschaft hier.

Eine atemberaubende Landschaft mit leuchtenden Farbfacetten, riesigen Weiten und dem Kantabrischen Gebirge, mit seinen Erhebungen bis zu 2648 Meter, im Hintergrund – so gestaltet sich das Ebrotal rund um den namensgebenden Fluss. In großzügigen Schleifen windet er sich durch das Tal – wie hier zwischen Baños del Ebro und San Vincente de la Sonsierra (unten), vorbei an Burgen und Bergen.

IM EBROTAL

Wie ein bunter Flickenteppich oder eine Patchworkdecke gestaltet sich das Ebrotal und macht es so abwechslungsreich spannend.

RIOJA-WEINE

Die berühmtesten Weine Spaniens und die Provinz, aus der diese hauptsächlich stammen, verdanken ihren Namen dem Fluss (Río) Oja, einem Nebenfluss des Ebro, der einen Großteil dieser Landschaft durchfließt. Auf 43 000 Hektar Fläche wird hier Weinbau betrieben; damit gehört La Rioja zu den bedeutendsten Weinregionen in Europa. Es gibt über 20 000 Winzer, die zum größten Teil Rotwein, aber auch Rosé- und Weißweine produzieren. Rotweine lässt man gern im Eichenholzfass, dem berühmten Barrique, reifen, der dem Wein einen einzigartigen Geschmack verleiht. Die Herkunftsbezeichnung lässt drei Unterregionen zu: Rioja Alta, Rioja Alavesa in der südlicheren Provinz des Baskenlandes und Rioja Baja mit Logroño und Teilen von Calahorra. Die beiden erstgenannten Unterregionen sind berühmt für die hohe Qualität der leichten Rotweine, während die der Rioja Baja etwas kräftiger sind. Obwohl La Rioja auf eine 1000-jährige Weinbautradition zurückblickt, beginnt die Glanzzeit erst Ende des 19. Jahrhunderts. Die traditionelle Rebsorte La Riojas ist der Tempranillo. Das Klima ist einzigartig und ideal für den Weinbau geeignet, da die Region zwischen Atlantik und Mittelmeer das Beste aus beiden Welten vereint: ausgewogene Niederschläge, mildes Klima und stabile Temperaturen.

Damit der edle Tropfen am Ende auch wirklich gelingt und die Genießer der Rioja-Weine aus einer der bedeutendsten Weinbauregionen Europas zufriedenstellen kann, braucht er viel Liebe und akribische Pflege. Die Trauben müssen von vielen Helfern geerntet werden. In den Weinkellern in ganz La Rioja befinden sich riesige Weinfässer, die mit Treppen begangen werden. In kleineren Fässern werden sie dann gelagert.

ABSTECHER: BODEGAS MARQUÉS DE RISCAL

Pink, gold und silbern schimmern gefaltete, gewellte und gebogene Bänder in der flirrenden Sonne. Nein, es ist keine Fata Morgana, die die Augen verwirrt, sondern die Dachkonstruktion der Bodega Marqués de Riscal im Dorf Elciego, das Werk des kanadisch-amerikanischen Architekten Frank O. Gehry, der auch das Guggenheim-Museum in Bilbao entworfen hat. Es heißt, der Meister habe sich lange geweigert, den Auftrag anzunehmen. Eine Flasche Gran Reserva aus seinem Geburtsjahr 1929 soll ihn schließlich überzeugt haben, das Weingut mit dem neuen Fünfsternehotel zu einem Wahrzeichen der Region zu machen. Die Farben des Titandachs zitieren die Erkennungsfarben von Marqués de Riscal: Pink wie der Wein, Gold wie das Netz, das jede Flasche trägt, und Silber wie die Folie, die den Korken bedeckt. König Juan Carlos weihte 2006 den futuristischen Bau ein. Er ist das Herzstück der »Stadt des Weins«, wie sich das Anwesen nennt. Bereits 1858 kelterte Graf de Riscal Wein und in den riesigen Kellern lagert noch mindestens eine Flasche aus jedem Jahrgang. Heute werden nur noch Reservas und Gran Reservas produziert, die mindestens ein Jahr (Reserva), beziehungsweise zwei Jahre (Gran Reserva) im Eichenfass lagern müssen und danach noch einige Jahre in der Flasche reifen.

Von außen wirken die Bodegas Marqués de Riscal dank des Architekten Frank O. Gehry enorm futuristisch und lassen ihre Funktion und das, was sich im Inneren verbirgt, nicht im Geringsten erahnen. Im Gegensatz zur Fassade sieht es im Keller des Hotels und Weinguts ganz traditionell aus – mit den typischen Weinfässern und verstaubten Flaschen. Besucher können die Weine verkosten und kaufen.

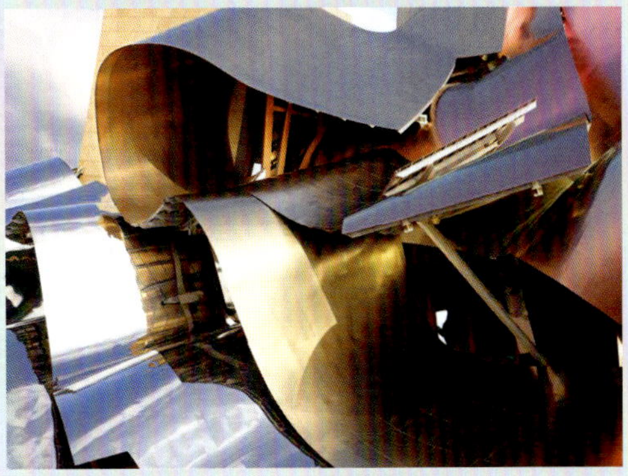

DESIGN UND WEIN

In der Umgebung der »Hauptstädte des Weins« (Logroño und Haro) und in der Nähe anderer Ortschaften wie Cenicero, Briones, Laguardia und Fuenmayor siedelten sich zahllose Winzer an. Viele ihrer Güter sind schon aus architektonischer Sicht einen Abstecher wert. Hochinteressant sind zum Beispiel die Gebäude aus dem 16. Jahrhundert mit 15 Meter tiefen Kellern, in denen die Weine der Marke Marqués de Griñón lagern. Auch die Gewölbe der Winzerei La Franco Española in Logroño sind beeindruckend. Ebenso die gigantischen Gärungsbehälter des Weinguts Viguera Gómez, das bereits seit 1555 Wein keltert. Neueren Datums sind die im Jahr 1972 von Juan Antonio Ridruejo restaurierten Bauten der Bodegas Olarra oder der von Frank O. Gehry für Marqués de Riscal in Elciego entworfene Komplex, der durch seine futuristischen Züge eindrucksvoll wirkt. Eine Besonderheit stellen auch die Ysios-Gebäude des Weingutes Pernod Ricard in Laguardia dar, die im Jahr 2001 vom spanischen Stararchitekten Santiago Calatrava entworfen wurden und deren Architektur sich harmonisch in die Landschaft einfügt. Auch die irakisch-britische Architektin Zaha Hadid konnte für ein solches Projekt gewonnen werden, ihr Entwurf kürt nun das Weingut Lopez de Heredia.

Mit Weinbau und Weinlagerung verbindet man doch eher riesige alte Weinfässer in dunklen Kellern und staubige Weinflaschen, die in noch staubigeren Regalen lagern. Hier ist diese Vorstellung weit verfehlt: Das Weingut Lopez de Heredia von Architektin Zaha Hadid (ganz links), in dem man Wein verkosten kann (links), sowie der Empfang des Weinguts Olarra (unten) brillieren mit ihrer kreativen Gestaltung.

ETAPPE 8: VON LOGROÑO NACH NÁJERA

Wer am Sonntag pilgert, sollte auf eine Holzhütte am Rande der Weinfelder achten. Die Familien haben die Tradition, abwechselnd die Pilger zu verpflegen. Tagesziel ist Nájera, deren Name arabisch ist und »Ort zwischen den Felsen« bedeutet. Ruinen aus dem Mittelalter, die dreischiffige Pfarrkirche Iglesia de la Asunción de María und das Benediktinerkloster sind sehenswert. Rührend ist die Legende zur Gründung des Klosters Santa Mariá la Real: Im 10./11. Jahrhundert residierten zeitweise die Könige von Navarra in der Stadt und König García el de Nájera war ein großer Jäger. Er liebte es, Rebhühner mit Falken zu jagen. Einst ließ er einen Falken los, doch der verschwand. Später entdeckte der König beide Vögel, die friedlich in einer Grotte vor einem Marienbild hockten. Die Begebenheit wurde als das Grottenwunder bekannt. Heute kann man das Marienbild in der Kirche bestaunen.

Diese Etappe, von Logroño aus startend, endet an einem wunderschönen Ziel: dem Städtchen Nájera (links) mit den kleinen Häuschen, mitten im Grünen, und dem namensgebenden Fluss, der durch den Ort fließt. Ein absolutes Muss ist der Besuch des Klosters Santa Maria la Real in Nájera mit dem wunderschönen, einzigartigen Kreuzgang (unten links) und den christlichen Figuren (unten rechts).

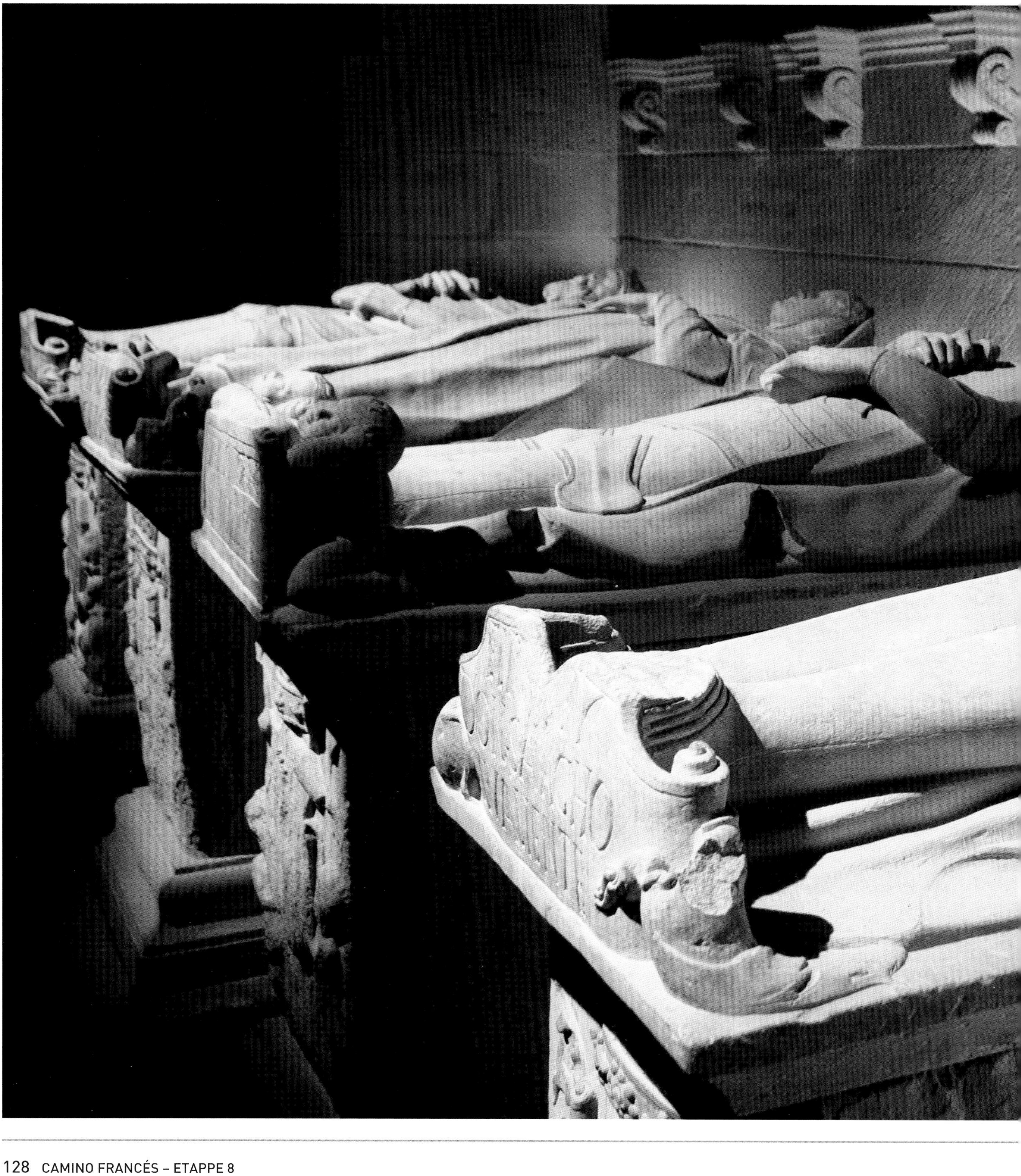

Im Kloster Santa Mariá la Real findet sich das königliche Pantheon, das im Jahre 1052 von García III. von Nájera errichtet wurde.

ETAPPE 9: VON NÁJERA NACH SANTO DOMINGO DE LA CALZADA

Die gut 20 Kilometer lange Etappe von Nájera nach Santo Domingo de la Calzada führt anfangs durch hügeliges Gelände, nur im letzten Drittel sind rund um Cirueña einige etwas höhere Erhebungen zu überwinden. Schon bald nach Verlassen Nájeras ist inmitten von Weinbergen das kleine Straßendorf Azofra erreicht. Sehenswert ist hier die Pfarrkirche Nuestra Señora de los Ángeles, zahlreiche private Pilgerunterkünfte erwarten müde Pilger. Noch kleiner als Azofra ist das rund zehn Kilometer weiter westwärts gelegene Dörfchen Cirueña mit seinen nur rund 100 Einwohnern. Im Nachbardorf Ciriñuela lohnt der Besuch der Kirche San Milan aus dem 15. Jahrhundert. Nun ist schon bald das Ziel der Etappe in der Ferne auszumachen – unübersehbar ragt der 70 Meter hohe Glockenturm der gotischen Kathedrale in Santo Domingo de la Calzada in den Himmel.

Über sanfte Hügel und am Ende etwas anstrengende Erhebungen durch schnucklig kleine Dörfer führt die Etappe von Nájera nach Santo Domingo de la Calzada. Die Pilger passieren das kleine Dorf Azofra (links), bis sie am Ende in Santo Domingo de la Calzada (unten rechts) ankommen. Die Aussicht vom Glockenturm der Kathedrale, der zehn Meter neben selbiger steht, ist atemberaubend schön.

SANTO DOMINGO DE LA CALZADA: CATEDRAL

Wo ihr Gründer einst Wege, Hospital und eine Brücke anlegte, erhebt sich der gleichnamige Ort Santo Domingo de la Calzada. Das Grab des Heiligen, Schutzpatron der spanischen Straßenbauer, ist in der romanisch-gotischen Kathedrale aus dem 12. und 13. Jahrhundert zu besichtigen. Sehenswert sind hier auch das Chorgestühl, der Hauptaltar im Renaissancestil und der separat stehende Glockenturm. Bekannt ist die Kathedrale wegen des weißen Hühnerpaares, das in einem Käfig an der Kirche gehalten wird. Sie erinnern an das Hühnerwunder: Ein zu Unrecht gehenkter junger Mann erschien im 16. Jahrhundert seinen Eltern und verkündete, nicht tot zu sein, denn Santo Domingo würde ihn beherbergen. Daraufhin erhoben sich die Brathühner vom Teller des Richters und flogen davon. Kräht heute der Hahn, während jemand die Kirche betritt, soll das Glück für die Pilgerreise bringen.

Der separat, zehn Meter neben der Kirche stehende Glockenturm gilt als der schönste Barockturm der Rioja (links). Aber das Innere des Hauptschiffes der Kathedrale ist ebenfalls durchaus imposant mit den sowohl romanischen als auch gotischen Elementen und Bögen, die eine schier unfassbare Größe beschreiben (unten links). Genauso in Staunen versetzt der Altar der Kathedrale (Bildleiste oben).

CAÑAS

Rund zehn Kilometer südöstlich von Santo Domingo de la Calzada liegt die Zisterzienserinnenabtei von Cañas, Santa María del Salvador. Von außen kaum mehr als eine schlichte Klostermauer in einer von Landwirtschaft geprägten Landschaft, entpuppt sich die Abtei im Inneren als ein Ensemble prachtvoller Gebäude. Begonnen hat das Klosterleben hier bereits im 12. Jahrhundert. Zu den Sehenswürdigkeiten gehört der spätromanisch-frühgotische Sarkophag von Doña Urraca López de Haro. Die steinerne Äbtissin liegt auf ihrem Sarkophag, an seinen Seiten sind Szenen ihres Begräbnisses als Reliefs gearbeitet. Das Kloster besitzt zudem wertvolle Skulpturen, Gemälde und Reliquien. Durch Alabasterfenster in ein besonderes Licht getaucht, sind in der Klosterkirche ein Marienbildnis und ein Renaissance-Retabel zu bewundern, die das Leben und die Tugenden der Muttergottes zeigen.

In der von Landwirtschaft geprägten Gegend kann man in Einsamkeit und Stille die Ruhe auf sich wirken lassen. Vorbei kommt der Pilger dabei an der Laguna de las Cañas (ganz links). In Cañas kann er dann das Kloster der Stadt besichtigen (links), in dessen Innerem sich der Sarkophag der Doña Urraca López de Haro (unten links) befindet sowie ein Altar aus der Renaissance (unten rechts).

SAN MILLÁN DE LA COGOLLA

Zwei besondere Klosteranlagen liegen, nur wenige Kilometer von Cañas entfernt, vor Bergen eingebettet in einem grünem Tal: Es sind die Klöster des heiligen Aemilianus, San Millán de Yuso und San Millán de Suso – das »untere« und das »obere« Kloster. Beide beherbergen heute Mönche des Augustinerordens – nachdem das Kloster über viele Jahrhunderte eine Benedektinerabtei war – und gehören seit 1997 gemeinsam zum UNESCO-Weltkulturerbe. Einst hatte der Einsiedler Aemilianus hier eine Eremitengemeinschaft um sich versammelt. Nach seinem Tod pilgerten immer mehr Gläubige zu seinem Grab. Bereits im Jahr 574 begann daher der Bau der Kirche des oberen Klosters an der Stelle, an der Aemilianus und seine Schüler in einer Höhle lebten. Heute findet sich eine spannende Mischung aus westgotischen, mozarabischen und romanischen Stilen in der Klosterkirche.

SAN MILLÁN DE LA COGOLLA

Mitte des 6. Jahrhunderts gründete der heilige Millán eine Mönchsgemeinschaft in den Bergen. Die romanische Kirche des Klosters Suso und die barock umgestaltete Klosteranlage von Yuso (Kloster San Millán de Yuso: beide Bilder unten) wurden ihm zu Ehren errichtet. Das Innere des Klosters Yuso (ganz links) sowie dessen Bücherei (links) zeigen über den reinen Bau hinausgehende Schätze.

ETAPPE 10: VON SANTO DOMINGO DE LA CALZADA NACH BELORADO

Über den Nachfolger der Pilgerbrücke, die der heilige Domingo hier schon vor rund 1000 Jahren hat bauen lassen, führt der Jakobsweg nach Grañón mit seiner gotischen Kirche Iglesia Parroquial de San Juan Bautista. Sie wurde vor wenigen Jahren restauriert und besitzt einen reich verzierten Renaissance-Hochaltar. Von hier geht es weiter nach Redecilla del Camino; an der Grenze der Regionen Rioja und Burgos in der Autonomen Region Kastilien-León lohnt ein Blick in die kleine Pfarrkirche Virgen de la Calle. Auf dem weiteren Weg zeichnen sich bald die kantabrischen Berge am Horizont ab – sie sind an einem der folgenden Tage zu bewältigen. Weiter führt die insgesamt 26 Kilometer lange Etappe zum Dorf Viloria, dem Geburtsort des heiligen Domingo, und weiter über den Ort Villamayor nach Belorado. Jeden Abend findet hier in der Kirche Santa Maria eine Pilgersegnung statt.

Der Weg von Santo Domingo de la Calzada nach Belorado führt durch weite Landschaften und an bewirtschafteten Feldern wie hier in der Nähe von Castildelgado (unten links) vorbei. Einen herrlichen Blick über Grañón und die Umgebung hat man vom Glockenturm in der Stadt aus (unten rechts); das Taufbecken in der Iglesia of Nuestra Señora de la Calle in Redecilla del Camino (ganz links) und die Statue von San Roque (links).

ETAPPE 11: VON BELORADO NACH SAN JUAN DE ORTEGA

Dickfleischige Oliven, sattgelber Käse, duftende Küchlein und glänzende Schinken – am liebsten würde man alles einpacken. Die Marktleute reichen den vorbeiziehenden Pilgern kleine Kostproben und Proviant muss auch sein. Immer Montagmorgen verwandelt sich die Plaza Mayor in Belorado in einen quirligen Markt. Bereits im 10. Jahrhundert verlieh der Graf von Kastilien Fernán González den Bewohnern das Marktrecht, da ihn diese aus navarresischer Gefangenschaft befreit hatten. Über das Örtchen Tosantos, eine Kurzform von Todos los Santos (»Allerheiligen«), geht es weiter nach Villafranca Montes de Oca, das Tor zu den Montes de Oca, den »Gänsebergen«. Früher sollen zahllose Gänse in den Bergen gelebt haben. Ein Segen für die Anwohner, lieferte das Federvieh nicht nur Fleisch und Eier, sondern sorgte mit seinen Daunen auch für wohlige Wärme im Winter.

Auf der Etappe von Belorado nach San Juan de Ortega können sich hungrige Pilger montags auf dem Wochenmarkt in Belorado mit allerlei Köstlichkeiten der Region stärken, bevor es weiter nach San Juan de Ortega geht. Hier kann das Kloster des Ortes (unten links) besichtigt werden, mit den prächtigen Gewölben im Inneren (ganz links), den romanischen Verzierungen (links) und den Reliefs (unten rechts).

ETAPPE 12: VON SAN JUAN DE ORTEGA NACH BURGOS

Früher war der Jakobsweg ein gefährliches Unterfangen. Matsch, reißende Fluten und Räuber erwarteten die Pilger, die sich ihren Weg selbst suchen mussten. Gerade in den Gänsebergen trieben die Banditen ihr Unwesen, was dem heiligen San Juan de Ortega missfiel. Trotz Drohungen der Räuber ließ er einen Pfad über die Gänseberge anlegen und eröffnete das nach ihm benannte Kloster und eine Herberge. Daneben ließ er den Jakobsweg befestigen und Brücken bauen. Pilger mit unerfülltem Kinderwunsch sollten in der ehemaligen Klosterkirche beten, wie es Mitte des 15. Jahrhunderts Isabella von Kastilien und ihr Gatte Fernando II. getan hatten. Danach schenkte sie ihm zehn Kinder, von denen fünf überlebten. Daneben beherbergt die ehemalige Klosterkirche das Lichtwunder Milagro de la Luz. Zweimal im Jahr, zur Tag- und Nachtgleiche, lassen Sonnenstrahlen für einen Augenblick das Kapitell links vom Altar leuchten.

Ein Wunder ist auch die Etappe durch die Wälder der Gänseberge. Das Grün der Laubbäume ist Balsam für die Seele. Der Weg führt durch die Dörfer Agés (unten) und Atapuerca (rechts).

HOMO HEIDELBERGENSIS VON ATAPUERCA

Sierra de Atapuerca heißt der Gebirgszug bei Burgos, der zum UNESCO-Welterbe gehört. Im Inneren wurden versteinerte Knochen entdeckt, die einige Forscher drei Homini-Gattungen zuordnen: Homo heidelbergensis, Homo neanderthalensis und Homo antecessor, deren klare Trennung umstritten ist. Mit über 800 000 Jahren gilt Letzterer als ältester europäischer Menschentyp und als Vorgänger vom Neandertaler. Atapuerca gehört damit zu den wichtigsten Ausgrabungsstätten weltweit. Bereits Anfang des 19. Jahrhunderts waren die Höhlenmalereien bekannt und besucht. Jahre später wurde eine Bahnlinie gebaut und dafür Steine gesprengt. Forscher entdeckten in den 1960er-Jahren in der alsbald stillgelegten Trasse Höhlen, die mit Fossilien gefüllt waren: Schatzkammern, denn zum Teil fanden die Forscher unberührte Schädel und vollständige Skelette. Rätsel gibt noch immer die »Knochenhöhle« (Sima de los Huesos) auf, wo Menschengruppen gefunden wurden. Manche Pilger wollen die Kraft und Energie der alten Gebeine spüren. Zumindest kann es die Moral heben, wenn von Schmerz gepeinigte Wanderer bedenken, dass die ausgestorbenen Vorfahren es immerhin von Afrika bis nach Spanien geschafft haben. Ja, der Vergleich hinkt, brauchten die Steinzeitmenschen fast eine Million Jahre und Generationen, bis sie zu den ersten in Europa nachgewiesenen Menschentypen wurden.

Das Skelett einer jungen Frau, das 5000 Jahre alt ist (unten); der Kopf des Homo heidelbergensis datiert sogar 400 000 Jahre zurück (rechts).

ETAPPE 12: VON SAN JUAN DE ORTEGA NACH BURGOS

HOMO HEIDELBERGENSIS VON ATAPUERCA

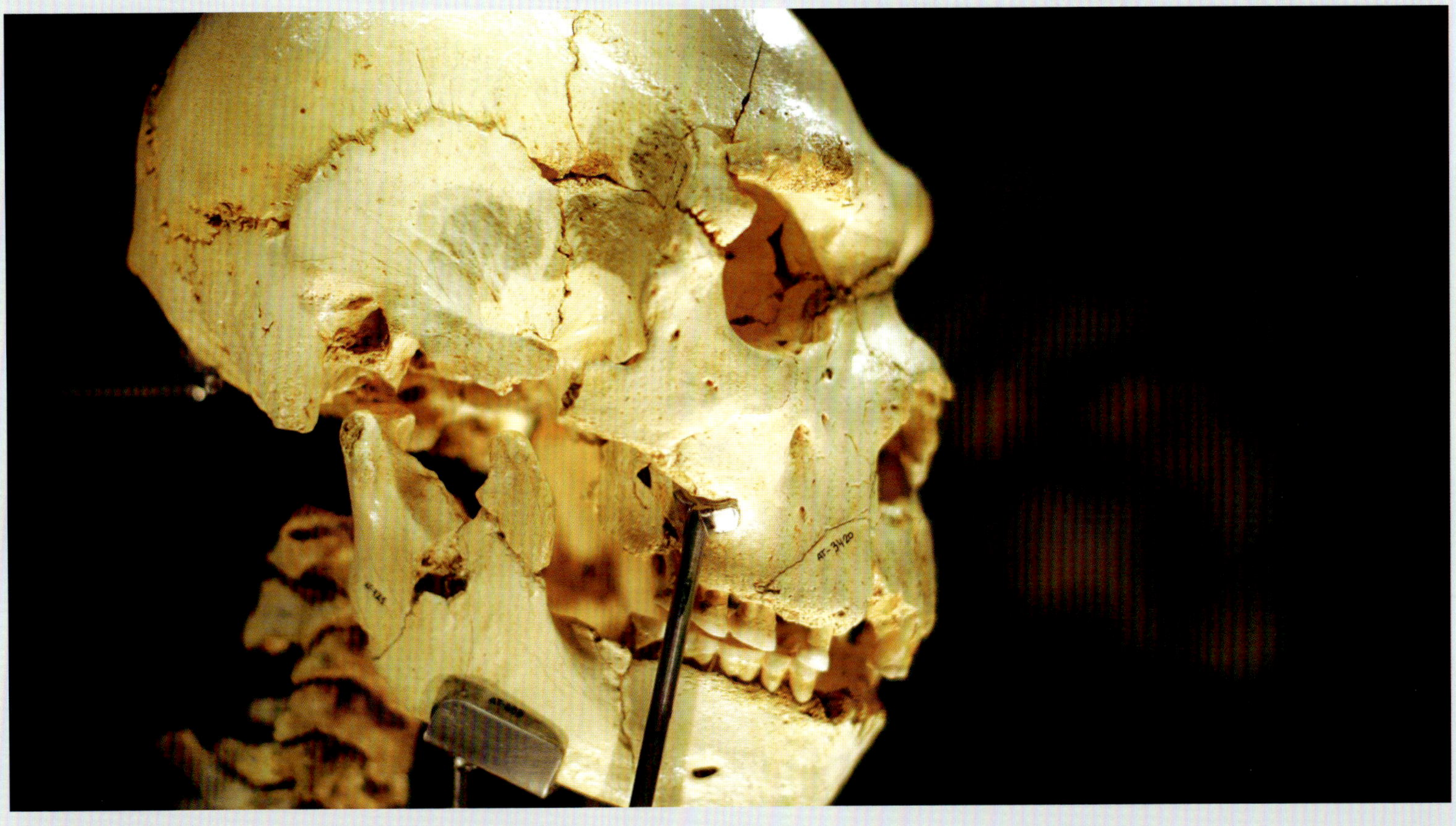

BURGOS

Nach der Rückeroberung von den Mauren im 9. Jahrhundert wurde Burgos als Grenzfestung gegen die Mauren ausgebaut, 1037 wurde es Hauptstadt des Königreichs Kastilien. Burgos war ein Zentrum des Wollhandels und eine der wichtigsten Städte am Jakobsweg. Ende des 15. Jahrhunderts gab es in ihr nicht weniger als 32 Pilgerhospize. Die politische, wirtschaftliche und kulturelle Blütezeit der Stadt lag im 14. und 15. Jahrhundert. Es entstanden prächtige Kirchen und Paläste. Nahe am Fluss Arlazón steht die Casa del Cordón; hier wurde Christoph Kolumbus nach seiner Amerikareise 1497 von den katholischen Königen empfangen. Das Stadttor Santa Maria wurde Mitte des 16. Jahrhunderts zu einem Triumphbogen für Kaiser Karl V. umgebaut. Außerhalb der Altstadt liegt das Nonnenkloster Real Monasterio de las Huelgas mit einem Kreuzgang im romanisch-maurischen Mudejarstil.

Der Blick über die schöne Stadt Burgos mit ihren Sakralbauten wie der Kathedrale und der Altstadt ist grandios und zeigt eindrucksvoll die Eleganz der Stadt (unten). Dass Burgos schon seit dem Mittelalter ein wichtiges wirtschaftliches Zentrum im Norden Spaniens ist, bezeugen die prunkvollen Bauten. Über die Brücke durch das Stadttor spazierend (links), fühlt man sich in das Mittelalter zurückversetzt.

Der hohen Bedeutung der Stadt musste auch die Kathedrale entsprechen, deren Bau Bischof Mauricio 1221 begann. Drei Jahrhunderte lang wurde an der drittgrößten Kathedrale Spaniens gebaut, 108 Meter wurde sie lang, 61 Meter breit und das Gewölbe im Mittelschiff 20 Meter hoch. Ihre im 15. Jahrhundert fertiggestellten gotischen Türme recken sich 80 Meter weit in den Himmel, ihre überaus reich geschmückte Hauptfassade präsentiert gleich acht Königsstatuen, die vier Portale sind jedes für sich ein bildhauerisches Meisterwerk. Entsprechend überwältigend ist das Innere: Den Kunstfreund erwarten 19 Kapellen, 38 Altäre und zahllose Skulpturen, Reliefs und Gemälde. Vor allem die Kapellen bergen einen Schatz an Einzelkunstwerken. Im Zentrum des opulenten Hochaltars steht die Silberstatue der Santa María la Mayor, der Schutzpatronin von Burgos.

Nicht versäumt werden darf ein Besuch des Kreuzgangs (links). In der Kathedrale liegt der berühmteste Sohn der Stadt, El Cid, begraben, der 1094 Valencia von den Mauren zurückeroberte und mit dem Gedicht »El cantar del mío cid« unsterblich wurde. Durch ihr äußeres Erscheinungsbild imponiert die Kathedrale mit den typisch gotischen Elementen (ganz links) – und innen mit dem Gewölbe (unten).

BURGOS: CATEDRAL DE SANTA MARÍA – CAPILLA DEL CONDESTABLE

Für Pilger ist der Besuch der gotischen Kathedrale Santa María seit jeher fester Bestandteil ihres Pensums. Von 1260 bis 1576 haben die Arbeiter geschuftet, um die zum UNESCO-Weltkulturerbe gehörende Kathedrale zu vollenden. Im Inneren sind 19 prunkvoll ausgestattete Kapellen zu bestaunen. Als schönste gilt die Capilla del Condestable, die Kapelle des Kronfeldherren, mit deren Bau 1482 begonnnen wurde. Sie ist so riesig, dass man glaubt, eine weitere Kirche zu betreten. Auftraggeber war der Kronfeldherr und Vizekönig von Kastilien Pedro Fernández de Velasco, der zusammen mit seiner Gattin Mencía de Mendoza y Figueroa unter dem Sternengewölbe seine letzte Ruhestätte gefunden hat. Deutsche Baumeister, Hans und sein Sohn Simon von Köln, haben die Pläne der achteckigen Kapelle im verschnörkelten Stil der Flamboyant-Gotik entworfen.

Die Capilla del Condestable, die Kapelle des Kronfeldherren (alle Abbildungen), in der Kathedrale Santa María ist die größte Kapelle des Gotteshauses und beeindruckt mit ihren Verzierungen, dem Altar und dem Deckengewölbe mit detailreichem Schmuck (unten rechts). Die Grabmäler von Pedro Fernandez de Velasco und seiner Gattin befinden sich ebenfalls in der Kapelle (links).

BURGOS: CARTUJA DE MIRAFLORES

Zarter Rosenduft liegt in der Luft und lässt die Besucher wohlig schnuppern: Ein paar Kilometer östlich von Burgos duftet es, wo auf einer bewaldeten Kuppe das Karthäuserkloster Cartuja de Miraflores thront. Kein Wunder, sind doch Rosenkränze die Spezialität des Klosters. Noch heute fertigen die Mönche die feinen und fragilen Rosenkränze traditionell aus echten Rosenblättern. Getrocknet und mit ein bisschen Haarspray haltbar gemacht, erinnern sie die Pilger noch Jahre an die oft schönste Reise ihres Lebens. Die Pläne für das Cartuja de Miraflores stammen ebenfalls von den deutschen Baumeistern aus Köln, Hans und Simon. Streit besteht darüber, wer das Gotteshaus gestiftet hat. Meist wird ein Mann als Gönner genannt, nämlich König Johann II. von Kastilien. Aber eigentlich war es wohl seine Tochter Isabella die Katholische, die das Kloster 1442 erbauen ließ.

Bevor das Gebäude dem Kartäuserorden übergeben wurde, war es die Erholungsresidenz König Heinrichs III. Für die feierliche Stimmung in der Kirche sorgen die bestens erhaltenen farbigen Glasfenster, die 1484 aus Flandern importiert wurden und Stationen aus dem Leben Christi zeigen. 1498 wurde der Hauptaltar fertig. Das Gold, mit dem er reichlich verziert ist, erbeutete Christoph Kolumbus in Amerika.

Wahnvorstellungen, Darmkrämpfe und Kreislaufkollaps – die Zeichen einer Vergiftung durch Mutterkorn waren schon im Mittelalter bekannt und gefürchtet. Immer wieder behandelten die Mönche des Klosters San Anton Patienten mit diesen Symptomen. Heute führt der Jakobsweg mitten durch die mächtige Klosterruine hindurch. Bemerkenswert sind dort die noch deutlich erkennbaren Nischen in der Mauer: Hier hinein stellten die Mönche Brot und Wein zur Stärkung für die Gläubigen. Heutige Jakobswegpilger haben, bis sie San Anton erreichen, die Kathedrale und die Gassen von Burgos hinter sich gelassen und sind über die Dörfer Villalbilla de Burgos, Tardajos, Rabe de las Calzadas und Hornillos del Camino bis Hontanas gewandert. In Castrojeriz, dem Etappenziel, erwartet sie dann direkt die nächste Ruine: Diesmal sind es die Überreste der alten Burg Castrum Sigerici.

Mehr innere Ruhe und seelischen Frieden als in dieser herrlich einsamen, aber wunderschönen Landschaft kann man kaum in sich aufsaugen. Der Weg von Burgos nach Castrojeriz führt durch magisch wirkende Landschaften und gewährt von der Anhöhe Alto de Mostelares (unten links) grandiose Ausblicke. Über Wege zwischen Klatschmohn und grünen Weiten begegnet man auch Schäfern (links).

CASTELLANOS DE CASTRO

Der Wind rauscht über die Felder der Hochebene Meseta und die Sonne lässt die leere Straße in der Mittagshitze flirren. Nur ein einzelnes Hundebellen unterbricht die Stille der mittäglichen Siesta. Gerade 60 Einwohner zählt das kleine Dorf Castellanos de Castro, an so manchem Haus nagt schon lange der Verfall. Daher gibt es hier kein Restaurant und auch sonst keine Möglichkeit, sich zu verpflegen. Zumindest bietet das Dörfchen müden Pilgern ruhige, schattige Orte zum Ausruhen in der weitgehend baumlosen Hochebene. Zum Beispiel die Holzbänke unter dem Vordach des Eingangs der kleinen romanischen Kirche, der Iglesia parroquial de San Pedro Advíncula. Zwei Strebebögen stützen den Glockenturm des alten Gotteshauses nur an einer Seite ab und geben ihm ein seltsam unsymmetrisches Antlitz. Der Altaraufsatz im seinem Inneren wurde gerade frisch restauriert und erstrahlt in neuem Glanz.

Zwar kann man sich als Pilger in dem kleinen Dörfchen Castellanos de Castro nicht verpflegen, da es für die wenigen Einwohner keine Cafés oder Restaurants gibt, dennoch kann man hier in Stille ausruhen.

CASTRO SAN ANTON DE CASTROJERIZ

Ihre Reste lassen die frühere Größe nur noch erahnen, dennoch empfängt die Pilger in der Klosterruine San Anton ein majestätischer Anblick: Unter einem doppelten Spitzbogen aus hellgrauem Stein führt der Jakobsweg hindurch, an vielen Stellen haben Gras und dürre Büsche die ehemaligen Gebäude zurückerobert. Erbaut im 14. Jahrhundert lässt sich an den Überresten des Klosters gut der gotische Stil erkennen: etwa in den Kirchenfenstern, deren Maßwerk den griechischen Buchstaben Tau zeigen, das Ordenssymbol des Antoniterordens, und dem spitzbogigen Kirchenportal mit seinen sechs Archivolten. Direkt gegenüber sind noch die beiden Nischen zu erkennen, in die die Mönche Brot und Wein für vorüberziehende Pilger stellten. Hauptsächlich kümmerten sich die Antoniter aber um die Kranken, die am gefürchteten Antoniusfeuer litten, einer tückischen Vergiftung durch Mutterkorn.

Trotz ihrer Unvollständigkeit durch den baulichen Verfall im Laufe der Zeit wirkt die Klosterruine San Anton mit ihrer Größe und den Verzierungen an den gotischen Rundbögen immer noch sehr erhaben.

CASTELLANOS DE CASTRO

CASTRO SAN ANTON DE CASTROJERIZ

Ganze sieben Pilgerhospize soll Castrojeriz zu seiner Blütezeit beherbergt haben. Heute zählt der Ort am Fluss Odra, der sich auf einer Hochebene der Kornkammer Kastiliens, der Tierra de Campos, an einen 900 Meter hohen Tafelberg schmiegt, keine 1000 Bewohner mehr. Im Jahr 974 erstmals urkundlich erwähnt, durchquert der Jakobsweg den Ort auf einer Länge von 1,5 Kilometern. Neben anderen wichtigen Gebäuden reihen sich hier auch die Kirchen auf: Die spätromanische Stiftskirche Santa María del Manzano aus dem 13. Jahrhundert ist das am meisten besuchte Gotteshaus. Außerdem gibt es die Pfarrkirche Santo Domingo mit ihrem massiven Glockenturm, San Juan und die Klosterkirche Santa Clara. Die Anstrengung, den außerhalb der Stadt gelegenen Berg mit der Burgruine Castrum Sigerici zu besteigen, wird mit einem Rundumblick über die Hochebene belohnt.

Die Beschaulichkeit des Örtchens Castrojeriz wird vor allem von oben sichtbar, so wie sich die Ansammlung der kleinen Häuschen hier gestaltet, die sich links und rechts der Gässchen gruppieren (links). Obwohl Castrojeriz nur 1000 Einwohner hat, können Pilger hier gleich drei Kirchen besuchen. Die Iglesia de Santa María del Manzano (unten) fällt auf den ersten Blick durch ihre rustikale Schlichtheit auf.

CASTROJERIZ: IGLESIA DE SANTA MARÍA DEL MANZANO

Stolz empfängt die ehemalige Klosterkirche Santa María del Malzano die Besucher mit ihrem prächtigen gotischen Portal, über dem ein großes Rosettenfenster thront. Im Jahr 1214 begann man mit dem Bau der Kirche im romanisch-gotischen Übergangsstil. Erst viele Jahre später, im 18. Jahrhundert, kam die Kapelle Virgen del Manzano hinzu, außerdem eine Krypta zur Bestattung der wohlhabenden Grafen. Sehr sehenswert ist das Museum für Sakralkunst, das die Kirche heute beherbergt. Und das nicht nur wegen der mittelalterlichen Skulpturen, der Pergamente und Goldschmiedearbeiten und der flämischen Malerei. Der Besuch des Museums lohnt allein schon wegen der schönen großen Bleiglasfenster der Kirche: Von innen verzaubern sie je nach Tageszeit und Lichteinfall mit einem intensiven, fast überirdischem Leuchten in verschiedenen Farben.

Kompakt und einfach wirkt die Iglesia de Santa María del Manzano von Weitem (links) – fast etwas verschachtelt mit den verschiedenen Gebäudeteilen, die einen Gesamtkomplex bilden: Von Nahem aber beeindruckt die Klosterkirche mit ihrem prächtigen Portal (unten), darüber thront das Rosettenfenster. Die Kirche veranschaulicht den Übergang zwischen Romanik und Gotik in Nordspanien.

ETAPPE 14: VON CASTROJERIZ NACH FRÓMISTA

Mit der Überquerung des Tafelbergs hinter Castrojeriz beginnt die nächste Etappe des Camino Francés schweißtreibend. Doch nur das erste Stück ist anstrengend, nach dem Abstieg geht es auf Landstraßen gemütlich weiter bis Itero de la Vega. In der Pilgerherberge Eremita de San Nicolás, der früheren Kirche eines Hospizes und späteren Einsiedlerei, lässt es sich ohne Elektrizität besonders ursprünglich übernachten, nur Kerzen werfen flackernde Schatten an die Wand. Wenig später überspannt eine mittelalterliche Brücke den Fluss Pisuerga – ein beliebtes Fotomotiv. Hier beginnt die Provinz Palencia, die von der oft schattenlosen, kargen Tierra del Campos geprägt ist. In Boadilla del Camino geht es an der massigen, dreischiffigen Iglesia de la Asunción vorbei, bevor die 25 Kilometer lange Etappe am alten Bewässerungskanal Canal de Castilla entlangführt und in Frómista endet.

Auf der Etappe von Castrojeriz nach Frómista wandert man nach der anstrengenden Erklimmung des Tafelberges zu Beginn wieder durch flachere Gefilde wie bei Itero del Castillo (ganz links und unten). Dort kommt man dann auch über die Puente de Itero del Castillo (links), eine romanische Brücke über den Río Pisuerga, die die Provinzen Burgos und Palencia der Autonomen Gemeinschaft Kastilien-León verbindet.

BOADILLA DEL CAMINO

Wie viele Orte in der Provinz Palencia wurde auch Boadilla del Camino gegen Ende des 10. Jahrhunderts gegründet. Das Fuero Municipal, die alte Zusammenstellung des lokalen Rechts, datiert den Ort auf das Jahr 970. Sein Name setzt sich aus Camino für »Weg« und Boadilla, möglicherweise eine Verkleinerungsform des lateinischen *agua bovata,* »Ochsenwasser«, zusammen. Tatsächlich versumpft die umgebende Landschaft zeitweise, im Winterhalbjahr bilden sich temporäre Seen. Berühmt in dem kleinen Dorf mit der dreischiffigen Pfarrkirche Iglesia de la Asunción mit ihrem Renaissancealtar ist die spätgotische Gerichtssäule Rollo jurisdiccional aus dem 14. Jahrhundert. Diese Säulen waren in Kastilien nicht nur Symbol der Gerichtsbarkeit, sondern auch eine Art Schandpfahl: Die Verurteilten band man an der Säule fest, sodass das Volk sie begaffen und beleidigen konnte.

Das schlichte Holzkreuz in der Iglesia de la Asunción in Boadilla del Camino stammt aus dem Mittelalter (links). Und auch sonst wirkt die Kirche von innen einfach und schnörkellos, wie es auch in die ländliche Gegend passt. Imposant ist die bei Nacht angestrahlte spätgotische Gerichtssäule – die Rollo jurisdiccional (unten) – aus dem 14. Jahrhundert, an die die Verurteilten öffentlich zur Schau gebunden wurden.

FRÓMISTA

In dem kleinen Städtchen Frómista steht die wohl schönste romanische Kirche des gesamten Jakobswegs – die Kirche San Martín. Begonnen wurde ihr Bau im Jahr 1066, entsprechend stilrein sind ihre romanischen Formen. Sowohl der achteckige Vierungsturm als auch die beiden kleinen Rundtürme im Westen erinnern an Wehrtürme; die Dachüberstände sind mit über 300 Fabelwesen, Tieren, Pflanzen und Ornamenten verziert. Im Inneren des Baus befindet sich ein Bildnis des heiligen Martin aus dem 14. Jahrhundert und eines des heiligen Jakobus aus dem 16. Jahrhundert. Einzigartig sind aber vor allem die mit Tiermotiven und Bibelszenen überreich verzierten Kapitelle. Die Kirche Santa María del Castillo hingegen ist im gotischen Stil erbaut, mit Elementen aus der Renaissance. Auch die Kirche San Pedro ist nicht rein romanisch, da sie gotische Elemente besitzt.

Die sakrale Anmut, die die Kirche San Martín durch ihr kompaktes, rein romanisches Äußeres ausstrahlt (ganz links), setzt sich auch im Inneren fort: Vor allem die reichen Verzierungen an den Säulen mit Tier- und Bibelmotiven (links) stechen ins Auge und machen die Schönheit der Kirche aus. Dennoch wirken die Kirchenräume mit ihren hohen Decken und Rundbögen fast schon spartanisch (unten).

Durch die Stringenz in ihrer rein romanischen Gestaltung ist die Iglesia de San Martín eine der schönsten Kirchen am Jakobsweg.

CANAL DE CASTILLA

Wie eine lang gestreckte Oase leuchtet der Canal de Castilla grünblau in der offenen Landschaft. Oft säumen Silberpappeln, Weiden und Schilfrohr die künstliche Wasserstraße, scheinbar endlos zieht sie sich durch die von Landwirtschaft geprägte Landschaft. Der Kanal gilt als Meisterleistung der Ingenieurskunst und war einst einer der wichtigsten spanischen Wasserwege. Auf ihm transportierten Schiffe das Getreide Kastiliens zu den nordspanischen Hafenstädten. Sein Wasser trieb an gemauerten Schleusen Getreidemühlen und später Rotoren zur Stromerzeugung an und diente darüber hinaus zur Bewässerung der Felder. Wie ein großes umgedrehtes Ypsilon liegt der Kanal auf einer Länge von 207 Kilometern mit seinen drei Armen in den Provinzen Burgos, Palencia und Valladolid, die Schleusen überwinden 150 Höhenmeter. Erste Überlegungen zu einem Kanalbau gab es bereits im 16. Jahrhundert. Begonnen wurde der Bau aber erst 1753, weitere 100 Jahre später ging der Wasserweg in Betrieb. Heute hat er seine ökonomische Bedeutung verloren, ist aber ein wichtiger Naturraum: An seinen Ufern leben Greifvögel wie die Rohrweihe, Reiher und Schwäne. Immer mehr erschließt inzwischen der Wander- und Radtourismus den Kanal, darunter sind auch viele Pilger, die zum heiligen Jakob wandern.

Der Jakobsweg verläuft zwischen Boadilla del Camino und Frómista auf dem schönen Uferweg entlang des Canal de Castilla, der zwar künstlich angelegt wurde, mit seinem türkisblauen Wasser dennoch wunderschön anzusehen ist. Diese brillante Leistung der Ingenieure wird aber heutzutage nicht mehr so stark genutzt wie noch im 16. Jahrhundert, dennoch ist er für die Natur bedeutend.

ETAPPE 15: VON FRÓMISTA NACH CARRIÓN DE LOS CONDES

Mit seinen Weizenfeldern und der baumlosen Weite gleicht die Landschaft hier ein wenig dem mittleren Westen der USA. Wären da nicht die alten Dörfer und Kirchen am Wegesrand. Am Startpunkt in Frómista steht mit der Kirche des heiligen Martin ein ungewöhnliches Beispiel romanischer Baukunst. Der Phallusmann am Giebel der Kirche gehört zu den seltenen erotischen Darstellungen an europäischen Gotteshäusern. Allerdings sollten diese eher nicht Sinnenfreude ausdrücken, sondern durch die groteske Größe der Geschlechtsteile abschreckend wirken. Neben der ebenfalls romanischen Ermita de San Miguel kurz vor der Ortschaft Población de Campos stand im Mittelalter ein Lazarett für Leprakranke. Auf den letzten sechs Kilometern vor Carrión de los Condes zeichnen sich bei klarem Wetter in der Ferne weiß leuchtend die Picos de Europa ab, die Kalkberge des kantabrischen Gebirges.

Der kleine Ort Villalcázar de Sirga befand sich lange Zeit im Besitz des Templerordens und galt auch im Mittelalter als ein wichtiges religiöses Zentrum der Region. Besonders sehenswert ist die Kirche Santa María la Blanca aus dem 13. Jahrhundert, die mit ihren Rosettenfenstern und dem Doppelportal in einem Übergangsstil von der Romanik zur Gotik erbaut wurde (Abbildungen unten).

CARRIÓN DE LOS CONDES: MONASTERIO DE SAN ZOILO

Gregorianische Gesänge aus Lautsprechern erfüllen den Kreuzgang, geheimnisvolle Totenköpfe, Büsten von Adam und Eva, David oder Maria und Josef sind kunstvoll in Stein gemeißelt, geschwungene Ornamente verzieren die gotischen Bögen. Eigentlich ist das einstige Benediktinerkloster heute ein Hotel. Hier steigen jedoch in erster Linie Pilger ab, sodass das Bauwerk und vor allem der Kreuzgang immer noch eine kontemplative Stimmung verströmen. Das Kloster liegt im Westen von Carrión de los Condes und war während seiner Gründung im 10. Jahrhundert Johannes dem Täufer gewidmet. Erst 1047 erfolgte die Umweihung auf den heiligen Zoilo. Dieser gehörte zu einer Gruppe von Märtyrern aus Córdoba, die während der römischen Christenverfolgungen unter Kaiser Diokletian Anfang des 4. Jahrhunderts gefoltert wurden und ihr Leben ließen.

Heute ist San Zoilo auch der Schutzpatron der Stadt Carrión de los Condes. Weil das ihm geweihte Kloster in den Jahrhunderten nach der Errichtung zusehends verfiel, wurde es im 16. Jahrhundert renoviert und in Teilen neu aufgebaut. Daher sind heute sowohl romanische als auch Renaissance-Elemente in seiner Architektur zu finden. Seit 1992 ist das Kloster ein Hotel.

ETAPPE 16: VON CARRIÓN DE LOS CONDES NACH SAHAGÚN

In sanften Wellen verläuft die kastilische Hochebene Meseta nach Carrión de los Condes, zieht sich ocker- und terrakottafarben bis zum Horizont. In der trockenen Ebene ist es umso wichtiger, genug Wasser im Gepäck zu haben und die wenigen Bäume am Wegesrand für eine Pause zu nutzen. Auch die Dörfer fügen sich mit ihren Lehm- und Backsteinbauten in erdigen Farben nahtlos in das Farbspektrum ein. Schön ist der Blick über die Landschaft vom Dorf Terradillos de los Templarios aus, das auf einer kleinen Erhebung steht. Hier lohnt die Peterskirche mit ihrer gotischen Christusfigur aus dem 14. Jahrhundert eine Stippvisite. Im nächsten Dorf Moratinos laden die Bänke im Säulengang der Thomaskirche zum Ausruhen ein. Weiter geht es über San Nicolás del Real Camino bis zum Etappenziel Sahagún. Sehenswert ist vor allem die Iglesia San Tierso, der älteste Backsteinbau der Region.

Nach Hochebenen kurz nach Carrión de los Condes (links) geht es weiter über San Nicolás del Real Camino bis nach Sahagún (unten links). Sehenswert hier ist vor allem die Iglesia San Tierso (Bildleiste oben, im Hintergrund), der älteste noch erhaltene Backsteinbau der Region, die Ruinen des ehemaligen Klosters San Beníto (Bildleiste oben, im Vordergrund) und die Iglesia La Peregrina (Bildleiste unten).

ETAPPE 17: VON SAHAGÚN NACH EL BURGO RANERO

Müsste man Sahagún einer Farbe zuordnen, dann wäre das Gelb. Je nach Sonnenstand leuchten die im Mudejarstil erbauten Backsteinkirchen in einem sanften Ton, der sich über Mittag fast gleißend weiß färbt und mit Sonnenuntergang warm orange schimmert. Bereits die Römer legten eine Siedlung am Ufer des Río Cea an. Über ihre Rundbogenbrücke marschieren die Pilger noch heute. Seinen Namen verdankt der Flecken wohl dem spanischen Heiligen Sanctus Facundus, dessen Name zu Sahagún vereinfacht wurde. Während der Christenverfolgung im 3. Jahrhundert wurde er mit seinem Bruder hier gemartert und enthauptet. Der Legende nach sprudelten Blut und Milch aus ihren Häuptern. Gut gemeint war, Schatten spendende Platanen zu pflanzen und Betonbänke aufzustellen. Trügerische Sitzgelegenheiten – morgens sind sie zu kalt und im Laufe des Tages werden sie heiß wie Bügeleisen.

Lehm lässt die Ebenen rot schimmern. Aus ihm werden die Adobe-Ziegel gemacht, die nicht gebrannt, sondern nur getrocknet werden. Allerdings verrotten die Lehmziegelhäuser (unten), wenn sie nicht jedes Jahr neu verputzt werden. Dafür ist ihr Klima angenehm, innen ist es tagsüber kühl und nachts warm, wenn die Ziegel die gespeicherte Wärme abgeben. Ausruhen kann man sich auf dem Weg bei Cruceiro (links).

ETAPPE 18: VON EL BURGO RANERO NACH LEÓN

Sobald die Dämmerung hereinbricht, überzieht ein eigenartiges Konzert El Burgo Ranero. Frösche erwachen zum Leben und tun dies lautstark kund. Nach den Tieren heißt auch der Ort. Auf Spanisch bedeutet *rana* Frosch und *burgo* Marktflecken. Rund um das Dorf reihen sich kleine Seen, in denen sich im Frühjahr Regen- und Schmelzwasser sammelt. Viele Pilger empfinden die Etappe als eine der schwersten, nicht für den Körper, sondern für die Seele. Knapp 40 Kilometer geht es geradeaus. Zwar eben, aber schier endlos. Nichts lenkt die Augen ab, kein Ausblick bezaubert das Herz, dafür immer gleiche Felder. Manch einer würde hier schwach werden und einen Bus nehmen, aber selbst der kommt nicht. Doch sobald die alte Königsstadt León am Horizont auftaucht, schlägt das Herz wieder. Die bekannte Kathedrale, ein kühles Getränk und ein sauberes Bett sind pure Verheißung.

Kaum geht es wohl ländlicher zu als in Mansilla de las Mulas, wo die Schafherden durch die Straßen ziehen (links), als wäre es der normalste Anblick der Welt, wenn sich die Tiere zwischen die, aber ohnehin nur wenig vorhandenen, Autos mischen. Das romanische Kloster San Miguel de Escalada bei León aus dem 10. Jahrhundert ist auf jeden Fall einen Besuch wert (unten).

LEÓN

Die alte Königsstadt León am Río Bernesga wurde im 1. Jahrhundert gegründet und ging aus einem römischen Truppenlager hervor. Früh war die Stadt eine wichtige Station am Jakobsweg, entsprechend großartig gerieten auch ihre Kirchen. Das Gewusel der Großstadt, die mächtige gotische Kathedrale, die Basilika San Isidoro mit dem Pantheon der Könige von León und die Casa de Botines von Antoni Gaudí mit ihrer Zuckerbäckerfassade: Sie bringen viele Pilger in Versuchung, aus der Kontemplation und Ruhe einen Tag auszusteigen und den Verlockungen der Provinzhauptstadt León zu erliegen. Der Name stammt übrigens nicht von »Löwe« (león), sondern von »Legion«, genauer jener römischen »Legio VII«, die sich hier 68 nach Christus niederließ, um aufständische Bergbewohner zur Räson zu bringen und den Goldtransport aus den Minen zu bewachen.

Herrschaftlich, erhaben und imposant wirkt diese gotische Kathedrale – Santa María de Regla ist wohl die Hauptsehenswürdigkeit der Stadt. Die Fassade brilliert mit ihren drei Portalen in der Front – alle drei in ihrer Symmetrie gotisch spitz zulaufend und verziert. Im 13. Jahrhundert wurde der Bau begonnen, im 14. beendet, allerdings ohne die Türme, diese kamen im 15. Jahrhundert dazu.

LEÓN: CATEDRAL DE SANTA MARÍA DE REGLA

Das Glanzstück von León ist die im 13. Jahrhundert begonnene gotische Kathedrale Santa María de la Regla mit ihren beiden 65 und 68 Meter hohen Türmen. Die überaus reich geschmückte Westfassade beeindruckt mit ihrer Fensterrosette und gleich drei mit reichem Skulpturenschmuck ausgestatteten Portalen. Auch an der Südfassade gibt es eine große Fensterrose und am Weg unter Glas die Reste römischer Thermen. Der eigentliche Schatz der Kathedrale aber sind ihre mehr als 100 Buntglasfenster mit einer Gesamtfläche von gut 1800 Quadratmetern. Die ältesten stammen noch aus dem 13. Jahrhundert, die jüngsten aus dem 20. Jahrhundert und decken eine Vielfalt an Themen, von Fabelwesen bis Pflanzenmotiven, ab. Von ihrem Grundriss her scheint die Kathedrale deutlich an die von Reims angelegt, das dreischiffige Langhaus geht über in ein dreischiffiges Querhaus.

Nur staunend kann man die Decke der riesigen Kathedrale Santa María de Regla betrachten – so fragt man sich doch immer wieder, wie die Baumeister und Steinmetze im 13. Jahrhundert schon solche Bau- und Kunstwerke zustande bringen konnten. Beeindruckend sind auch die wunderschönen, in allen Farben leuchtenden Buntglasfenster mit floralen Motiven und Darstellungen von Fabelwesen.

LEÓN: CONVENTO DE SAN MARCOS

Das Kloster San Marcos stifteten die katholischen Könige Anfang des 16. Jahrhunderts. Hinter der reich verzierten Fassade des Klosters, das als eines der eindrucksvollsten Beispiele spanischer Renaissance gilt, verbirgt sich heute allerdings ein Hotel. Wer den schönen Kreuzgang des alten Klosters erleben möchte, geht in die Halle des Hotels und nimmt dort auf der rechten Seite die zweite Tür. Das Gebäude selbst steht mittlerweile unter Denkmalschutz und wurde schon im 12. Jahrhundert erbaut. Ursprünglich stand an dessen Stelle das Gebäude des Santiagoordens, der 1152 zum Schutz der Jakobspilger gegründet wurde. Erweitert um eine Kirche und ein Hospital, entstanden die meisten Anlagen während des Siglo de Oro im 16. Jahrhundert. Ein trauriger Teil der Geschichte: Von 1936 bis 1940 befand sich hier ein Konzentrationslager des Franco-Regimes.

Das heutige Hotel, ehemals als Kloster genutzt, ist ein typisches Gebäude der Renaissance. Unter den katholischen Königen wurde das Kloster nach Plänen von Pedro de Larrea erbaut. Der Teil, der die über 100 Meter lange Renaissance-Fassade umfasst, entstand in den Jahren 1533 bis 1541. Später kam der westliche Gebäudeteil dazu, der im barocken Stil erbaut wurde (1708–1716).

LEÓN: BASÍLICA DE SAN ISIDORO

Kaum weniger bedeutsam als Kathedrale und San-Marcos-Kloster ist die auf das 11. Jahrhundert zurückgehende königliche Stiftskirche San Isidoro. Sie ist ein Paradebeispiel der spanischen Romanik und birgt seit 1063 die Reliquien des heiligen Isidor von Sevilla, der im 7. Jahrhundert Erzbischof von Sevilla und wichtigster westgotischer Kirchenlehrer war. Neben der Kirche ist als Museum das Panteón Real (Pantheon der Könige) zugänglich, in dem nicht weniger als 23 Könige und Königinnen ihre letzte Ruhestätte gefunden haben. Bereits um 1160 wurde die Decke mit einzigartigen romanischen Fresken ausgestattet, die dem Pantheon den Beinamen »Sixtinische Kapelle der romanischen Kunst Spaniens« einbrachte und die Bilder- und Alltagswelt des 12. Jahrhunderts zeigen. Durch den anschließenden Kreuzgang geht es ins eigentliche Museum mit seinen zahlreichen Kunstschätzen.

Die Basilika versetzt einen mit der steinernen Pracht von außen direkt ins Mittelalter – dabei ist sie eigentlich von innen noch imposanter. Im 12. Jahrhundert schon wurden die beeindruckend detailreichen und überaus bunten Fresken erschaffen, die die charakteristische Bilderwelt des Mittelalters veranschaulichen (unten). Hinzu kommen noch die reichen romanischen Verzierungen an den Säulen.

ETAPPE 19: VON LEÓN NACH VILLADANGOS DEL PÁRAMO

Die nächste Station nach der Königsstadt León, Virgen del Camino (»Jungfrau des Weges«), verdankt ihren Namen der Marienerscheinung, die der Hirt Alvar Simón Fernández im Jahr 1505 hier auf einem Feld gehabt haben soll. Die Jungfrau ist heute die Schutzpatronin Leóns. Das Etappenziel Villadangos del Páramo war einst Schauplatz einer berühmten Schlacht zwischen Königin Urraca von León-Kastilien und ihrem (Ex-)Mann Alfons I. von Aragón im Jahr 1111. Ein Rosenkrieg, der sich zu einem echten Krieg auswuchs und bei dem die Ehefrau am Ende eine vernichtende Niederlage hinnehmen musste. In der Jakobskirche (Iglesia de Santiago) von Villandangos del Páramo gibt es einige der im Mittelalter in Spanien beliebten – heute allerdings umstrittenen – Darstellungen des Apostels als Maurentöter (Santiago Matamoros).

Wie im »wilden Westen« der USA mutet hier diese karge, dennoch sehr reizvolle Landschaft mit den Kantabrischen Bergen im Hintergrund nahe bei Guardo an (unten). Bedrohlich und dennoch faszinierend erscheint das Feld unter dem Wolkenhimmel (rechts).

ETAPPE 20: VON VILLADANGOS DEL PÁRAMO NACH ASTORGA

Nur wenige Kilometer nach Villadangos del Páramo zieht sich eine Brücke durch die Landschaft. Mit sage und schreibe 20 romanischen Bögen überspannt sie den Fluss und den sumpfigen Untergrund: Die Puente de Órbigo misst 204 Meter und ist die längste auf dem Jakobsweg – und gilt dabei als eine der schönsten. Besonders wenn abends Strahler die steinerne Konstruktion aus dem 13. Jahrhundert in ein warmes Licht tauchen. Hier spielte die berühmte Legende um Don Suero de Quiñones: Der von einer Frau verschmähte, gottesfürchtige Ritter schwor, dass er auf dieser Brücke gegen alle kämpfen würde, die sie überqueren wollten. Länger als einen Monat verteidigte er sie gegen jeden Angreifer und zerbrach dabei 300 Lanzen. So gewann er seine Ehre zurück – allerdings leider nicht die Liebe seiner Angebeteten. Weiter geht es über die Dörfer Santibáñez de Valdeiglesia und San Justo de la Vega bis ins Etappenziel Astorga.

Berühmt ist die Puente de Órbigo wegen ihrer 20 Bögen und der um sie rankenden Sagen (rechts). Die romanische Marienfigur »Virgen del Carmen« steht in Villares de Órbigo (unten links).

ETAPPE 19: VON LEÓN NACH VILLADANGOS DEL PÁRAMO

ETAPPE 20: VON VILLADANGOS DEL PÁRAMO NACH ASTORGA

CERVECERIA ASADOR

ASTORGA

Von der Avenida de las Murallas präsentieren sich die Schätze der Stadt Astorga am schönsten: die auf die Römer zurückgehende Stadtmauer, das von Antoni Gaudí errichtete Bischöfliche Palais und die Kathedrale Santa María. Der 1913 fertiggestellte Gaudí-Palast wurde von den Bischöfen nie bezogen und dient heute als sehenswertes Jakobswegmuseum (Museo del los Caminos). Die im Jahr 1471 begonnene spätgotische Kathedrale wurde erst im 18. Jahrhundert vollendet. Ihr Hauptaltar stammt aus dem 16. Jahrhundert, in der gleichen Zeit wurde das reich verzierte Chorgestühl gefertigt. Nach langer Tradition schon werden in Astorga zudem auch Süßigkeiten hergestellt. Auch wenn die Süßigkeitenmanufakturen im Zuge der Industrialisierung nicht mehr konkurrenzfähig waren, ist die astorgaische Schokolade berühmt.

In der Stadt Astorga sind gleich zwei herausragende Bauwerke auf einen Blick zu bestaunen: Die Kathedrale Santa María (links und unten im Hintergrund) und der Bischofspalast Palacio Episcopal (unten im Vordergrund). Letzterer wurde von Antoni Gaudí entworfen, diente aber nie als Bischofssitz, heute dafür aber als Jakobswegmuseum. Die Kathedrale stammt aus dem 15. Jahrhundert.

SE VENDE

MURPHY'S
Foto - Video

ASTORGA: CATEDRAL DE SANTA MARÍA

Gewidmet der Muttergottes, bildet die Kathedrale Santa María mit dem nahen Bischofspalast ein architektonisch beeindruckendes Ensemble. Im Jahr 1471 begann man, sie auf den Mauern romanischer Vorgänger zu errichten, und weil sich ihre Bauzeit bis ins 18. Jahrhundert hinzog, ist die Kathedrale heute ein bunter Stilmix: gotisch der Innenraum, neoklassizistisch der Kreuzgang, barock die Türme und Fassade und im Renaissancestil der Portikus. Das mächtige, spätgotische Hauptportal mit der schön geschnitzten Holztür im Zentrum zeigt Szenen aus dem Leben Jesu. Auffällig sind die unterschiedlichen Türme – der alte Turm von 1678 trug beim großen Erdbeben von Lissabon Schäden davon und ist erst seit 1965 wieder komplett aufgebaut. Der rosafarbene Turm wurde 1698 begonnen und war schon zehn Jahre später vollendet.

Viele Stile wurden aufgrund der langen Bauzeit an dieser Kathedrale vermischt. Überbordend und fast schon die Sinne überfordernd ist das spätgotische Portal der Kirche (unten) mit den reichen Verzierungen, die das Leben Jesu zeigen. Die Fassade an sich ist aber nicht weniger beeindruckend (ganz links), ebenso der Innenraum (links). In der Kathedrale zeigt ein Diözesanmuseum seine Schätze.

ASTORGA: PALACIO EPISCOPAL

Märchenhaft und süß wie die Schokolade, für die Astorga berühmt ist, zeigt sich das Bischöfliche Palais nur einen Steinwurf neben der Kathedrale. Die vier zylindrischen Türme runden das sonst kantige, elegante Gebäude ab, hohe dreieckige Buntglasfenster spielen mit dem Licht. Der Bau aus grauem Granit im Modernisme-Stil, der katalanischen Variante des Jugendstils, ist das Werk des weltberühmten spanischen Architekten Antoni Gaudí. 1886 beauftragte der Bischof von Astorga Gaudí mit dem Bau einer neuen Residenz. Dieser arbeitete bis 1893 am Palast, legte dann aber wegen Zerwürfnissen mit dem Domkapitel sein Amt nieder. Der Architekt Ricardo García Guereta stellte das Gebäude zwischen 1907 und 1915 fertig. Der lichte Palast mit seinen Pfeilern und Spitzbögen aus Glaskeramik beherbergt heute das Museo de los Caminos, ein dem Jakobsweg gewidmetes Museum.

Baulich ein wahres Meisterwerk ist der berühmte Palacio Episcopal in Astorga, noch berühmter allerdings ist der Architekt des Baus – Antoni Gaudí. Er durfte sein eigenes Meisterwerk aber selbst nicht fertigstellen. Vollenden musste es Ricardo García Guereta. Wenn man von außen mit Staunen und Bewundern fertig ist, kann man im Inneren gleich damit fortfahren: Allein die Buntglasfester sind wunderschön anzusehen.

templvm sanctvm svvm Dominator
et laetare Sion occvrrens Deo
ASTVRICENSES PON-

Den typischen Malereien der Gotik nachempfunden sind die aus wesentlich jüngerer Zeit stammenden Kunstwerke im Bischofspalast.

ETAPPE 21: VON ASTORGA NACH RABANAL DEL CAMINO

Früh am Morgen lockt ein verführerisch süßer Duft Pilger wie Einheimische in die Bäckereien von Astorga. Noch warm und aus der Hand schmecken die Butterschmalzküchlein (Mantecados) oder die knusprigen Blätterteigstücke (Hojaldres) am besten. Die feinen Süßteilchen sind ein Markenzeichen der Stadt. Genauso wie die Schokoladenkreationen, die gut temperiert in den Schaufenstern liegen. Schon seit jeher werden die Bewohner mit Süßigkeiten der Luxusklasse verwöhnt, liegt der Ort quasi an der Quelle des Genusses. Weil Landwirtschaft auf den steinigen Äckern der Maragatería nicht richtig funktioniert, arbeiteten früher viele Bewohner als Fuhrleute und transportierten Kakao und Zucker von den galicischen Häfen nach Madrid. So kamen die Bewohner schon früh auf den süßen Geschmack. Die Etappe führt immer sanft bergauf durch kleine Dörfer bis nach Rabanal del Camino.

Pilgerstäbe und Jakobsmuscheln sind das allgegenwärtige Symbol in den Dörfern entlang des Jakobswegs, wie hier im kleinen Ort Santa Catalina de Somoza (unten rechts). Bei Astorga liegt das Dorf Castrillo de los Polvazares, das seit dem 16. Jahrhundert nahezu unverändert geblieben ist (unten links). Rustikale Steinhäuser sind auch in Murias de Rechivaldo anzutreffen, das man direkt nach Astorga erreicht (links).

ETAPPE 22: VON RABANAL DEL CAMINO NACH PONFERRADA

Rabanal del Camino ist der letzte Ort vor den Bergen. In einem staubigen Crémeweiß schraubt sich der Pilgerpfad wie ein weißes Band durch die Montes de León. Garant für Schmerzen und Glücksgefühle. Nach knapp zwei Stunden erreichen die Pilger den Gipfel auf 1504 Metern. Wie ein mahnend erhobener Zeigefinger markiert das Cruz de Ferro, das Eisenkreuz, den höchsten Punkt des Camino Francés. Auf einem Steinhaufen steht ein fünf Meter hoher Eichenpfahl, den ein kleines Eisenkreuz krönt. Gebete murmelnd legen die Pilger einen Stein dazu, wichtig ist, dass sie ihn von zuhause mitgebracht haben. Mit dem Stein lassen sie alle Sorgen und Lasten zurück. Von der Bürde befreit, läuft es sich viel leichter, zumal es bergab geht. Leicht hatten es die Menschen hier nicht, viele sind abgewandert und haben Geisterdörfer hinterlassen. Ganz anders sieht es im quirligen Ponferrada aus.

Diese Etappe des Jakobswegs führt durch die Gemeinde Molinaseca mit ihren knapp 1000 Einwohnern, in der eine imposante steinerne Brücke aus der Zeit der Romanik über den Río Meruelo führt (links). Ebenfalls zu Molinaseca gehört der kleine Weiler El Acebo mit seinen urigen Steinhäuschen (unten). Die Gegend ist hier dünn besiedelt, in Foncebadón (ganz links) lebt gar nur ein Bewohner ganzjährig.

CRUZ DE FONCEBADON
NO DEJAR PIEDRAS EN LA CRUZ GRACIAS
PLEASE DON'T LEAVE STONES IN THE CROSS
THANK YOU
SIL VOUS PLAIT NE PAS LAISSER DE PIERRES
DANS LA CROIX MERCI
BITTE STEINE NICHT IM KREUZ LASSEN
DANK

FONCEBADÓN

Der kleine Ort Foncebadón liegt auf dem Weg zum Cruz de Ferro, dem höchsten Punkt auf dem Camino Francés.

PONFERRADA

An der »pons ferrata«, der eisernen Brücke aus dem 11. Jahrhundert, errichteten die Tempelritter zum Schutz der Jakobspilger im 12. Jahrhundert auf einer Grundfläche von 160 × 90 Metern eine gewaltige Burg, die die Zeiten überdauerte. Um sie herum wuchs im Laufe der Jahrhunderte die Stadt Ponferrada, die ihren Namen der Brücke verdankt und heute knapp 70 000 Einwohner hat. Zu den Sehenswürdigkeiten der Altstadt zählen die Basilika La Encina aus der Zeit der Renaissance und das barocke Rathaus. In einem Vorort befindet sich die mozarabische Iglesia de Santo Tomás de las Ollas mit schönen Hufeisenbögen. Das Gotteshaus stammt aus dem 10. Jahrhundert und ist gänzlich aus unregelmäßigen Bruchsteinen errichtet worden. Von Ponferrada aus lohnt ein Abstecher zur antiken Goldmine Las Médulas, der Welterbestätte der UNESCO.

Während der Semana Santa tragen bußbereite Gläubige ein Kruzifix durch die engen Gassen von Ponferradas Altstadt (unten). Die Osterwoche beginnt traditionell mit der Palmsonntagsprozession, zu der Palmwedel, Flechtskulpturen und oft auch überdimensionale Passionsdarstellungen getragen werden – häufig von Bruderschaften in Bußgewändern. Links: Hauptplatz von Ponferrada.

PONFERRADA: CASTILLO DE LOS TEMPLARIOS

Mit ihren Zinnen, Türmchen, den mächtigen Mauern und der stimmigen Symmetrie sieht das Castillo aus wie die Mutter aller Burgen. Schon die Kelten und Römer haben an der strategisch günstigen Stelle am Zusammenfluss von Río Sil und Río Boeza kleine Festungen gehabt. Doch erst mit den Pilgern begann die Stadt zu boomen. Aber nicht nur sie erlebte Hochkonjunktur, sondern auch die Räuberbanden, die es auf die Pilger abgesehen hatten. Ferdinand II. von León hatte 1178 genug von dem Gemetzel. Zum Schutz der Gläubigen gestattete er den Templern, eine Burg zu bauen. Manche Mauern stammen original aus dem 12. Jahrhundert und sind gut erhalten, während andere Teile bröckeln, Gras und Unkraut aus den Fugen sprießen. Eine Schneise wurde im Jahr 1923 in die Mauern gesprengt, um – ganz pragmatisch – einen Fußballplatz zu bauen.

In Kastilien schlägt das Herz Spaniens, hier liegt der Ursprung der Nation. Unter den Baudenkmälern nehmen die mittelalterlichen Wehrburgen eine besondere Rolle ein. Sie sind Symbole der Geschichte der maurischen Eroberungen wie auch der Kreuzzüge gegen die Mauren, der Reconquista. Erhabenheit, Ehrfurcht und Achtung strahlt der gigantische, 8000 Quadratmeter große Komplex in Ponferrada aus.

EL BIERZO

El Bierzo ist so etwas wie das spanische Shangri-La. Ein Schlaraffenland, in dem neben Milch und Honig vor allem Weine fließen. Auch Gold gibt es hier. Mächtige Gebirgsmassive umschließen das knapp 3000 Quadratkilometer große Gebiet und sind gleichzeitig Bollwerk gegen schlechtes Wetter und Eindringlinge. Kein Wunder, dass die Bewohner sich nicht als Spanier sehen, sondern als eigenes Volk mit eigenem Dialekt, eigener Kultur, Denkweise und eigenem Mikroklima. Auch sie streben Autonomie an, doch das dürfte aussichtslos sein. Knorrige Kirsch-, alte Apfel- und ausladende Kastanienbäume säumen den Pilgerpfad und spenden Schatten. Der größte Teil des Weges führt durch Weinfelder, an Weingütern und kleinen Pilgerkapellen vorbei. Weiße, steinerne Engel lächeln die Wanderer an und schenken Kraft für den weiteren Weg. Fast wie im Paradies – und um das Hochgefühl perfekt zu machen –, tauchen unerwartet Himmelsboten auf, die pralle Kirschen anbieten. Natürlich sind es keine ätherischen Gestalten, sondern ganz irdische Jugendliche, die ihren Sommerjob machen. Aber mit dem ständigen Durstgefühl scheinen sie wie von oben geschickt. Auch die Weingüter bieten Verkostungen an, vorwiegend Rotwein der Sorte Mencía. Ein Schluck zur Stärkung kann nicht schaden – behaupten zumindest die Winzer.

Im Bierzo liegt das trutzige Castillo de Cornatel auf einem knapp 800 Meter hohen Felsen (links). Die Ursprünge der mittelalterlichen Burg sind umstritten, es wird vermutet, dass die Tempelritter finanziell am Bau beteiligt waren. Heute ist hier ein Museum untergebracht. Im Herbst dominieren das Gelb und Violett von Ginster und Heidekraut die Vegetation in Teilen des Bierzo (Abbildungen unten).

ABSTECHER: LAS MÉDULAS

Das kleine Bergdorf in der Nähe von Carucedo, rund 25 Kilometer südwestlich von Ponferrada, thront auf Gold – zumindest war dies zu Zeiten der Römer so. Diese durchwühlten das Gelände auf mehreren Quadratkilometern auf der Suche nach dem Edelmetall so gründlich, dass davon bis heute bizarre Geländeformationen zeugen. Höhlen- und Schachteingänge wechseln ab mit Gräben, freigelegten antiken Waschanlagen und Hügeln inmitten einer einzigartigen, von Schluchten durchzogenen Erosionslandschaft. Alles weist darauf hin, dass hier mit den einfachsten Mitteln, aber dennoch äußerst systematisch, nach Gold gesucht wurde. Zeitgenössische Quellen belegen die Schwerstarbeit ganzer Heerscharen von Sklaven, die unter den Peitschen ihrer Aufseher wie die Maulwürfe nach dem begehrten Metall graben mussten. Ein Nebenprodukt der Goldsuche ist auch der Lago de Carucedo südwestlich von Ponferrada: Hier hatten die Sklaven einen künstlichen See anlegen müssen, der zusammen mit einem Netz von Kanälen und Rinnen zum Waschen der Millionen Tonnen Gestein diente. Heute erschließt ein etwa zwei Kilometer langer Weg das zum Weltkulturerbe erklärte antike Minengebiet. Den schönsten Blick über die zerklüftete Felslandschaft gewährt der Mirador de Orellán.

Innerhalb von 200 Jahren haben die Römer hier schätzungsweise 500 Tonnen Gold abgebaut. Mit einem komplizierten Kanalsystem schafften sie aus der Umgebung Unmengen Wasser herbei, um das wertvolle Metall auszuschwemmen. Sie hinterließen eine geplünderte Landschaft, in der Erosion und Vegetation bizarre Bergformen entstehen ließen, die orangerot leuchten.

ETAPPE 23: VON PONFERRADA NACH VILLAFRANCA DEL BIERZO

Gold, eiserne Jakobsmuscheln und eine Märchenburg: Während südlich von Ponferrada die Römer das Edelmetall in den größten Goldminen ihres Reiches abbauten, ließ Bischof Osmundo von Astorga hier Ende des 11. Jahrhunderts eine Brücke für die Pilger über den Río Sil bauen. Später wurde sie mit Eisen verstärkt und gab dem Ort seinen Namen. Gleichmäßig reihen sich metallene Jakobsmuscheln im Geländer. Wie aus dem Märchen wirkt die mächtige Templerburg, die die Tempelritter in Ponferrada von 1178 bis 1312 bewohnten. Weiter führt der Weg durch die wellenförmige Landschaft sanft bergauf und bergab, durch die grünen Weinberge des Bierzo. Das Etappenziel Villafranca del Bierzo heißt wegen seiner vielen Pilgerherbergen und Kirchen auch »das kleine Santiago«: Wer früher auf dem Camino erkrankte, erhielt schon hier am Nordportal der Jakobskirche an der Puerta del Pérdon Vergebung.

In Villafranca del Bierzo steht die kleine Iglesia de Santiago (rechts). Der Ort wurde schon im »Jakobsbuch« aus dem 12. Jahrhundert als Station auf dem Jakobsweg erwähnt.

ETAPPE 24: VON VILLAFRANCA DEL BIERZO NACH O CEBREIRO

Wieder donnert ein Lastwagen vorbei. Auf der Straße, später direkt neben der Autobahn – und immer auf Asphalt – verläuft der alte Jakobsweg von Villafranca del Bierzo ins Valcarcatal. Anstrengender und etwa zwei Stunden länger ist die Alternative Camino duro, der »harte Weg«. Pilger, die diesen Weg wählen, sollten über Bergerfahrung verfügen, werden nach einem einstündigen Anstieg aber auch mit einem weiten Blick über das Tal belohnt. Bald hinter dem Ort La Laguna markiert ein Stein die Grenze zu Galicien, 152 Kilometer sind es von hier noch nach Santiago de Compostela. Im Etappenziel O Cebreiro sind einige verbliebene Pallozas zu bestaunen: runde Natursteinbauten der Keltiberer mit einem weit nach unten gezogenen Strohdach. Statt Fenstern und Türen haben sie nur eine Einstiegsluke. Pallozas gibt es sonst nur noch in den Bergen an der Grenze zwischen León-Castilla und Galicien.

Auf dieser Etappe durchläuft man den Ort Las Herrerías in der Provinz León, der inmitten idyllischer Wiesen liegt. Eine alte römische Brücke führt in der Nähe des Dorfes über den Fluss Valcarce.

ETAPPE 24: VON VILLAFRANCA DEL BIERZO NACH O CEBREIRO

O CEBREIRO

Dieser kleine Wallfahrtsort und sein berühmter Kelch sollen Richard Wagner Inspiration für seinen »Parsifal« gewesen sein: Der »galicische heilige Gral« ist Teil des Hostienwunders, das sich zu Beginn des 14. Jahrhunderts hier ereignet haben soll. Ein Bauer war trotz Sturms auf den Berg gestiegen – O Cebreiro liegt auf 1300 Metern unweit des Cebreiro-Passes –, um das Abendmahl zu empfangen. Der an Gott zweifelnde Mönch hielt ihn für dumm, weil er für eine schlichte Oblate den beschwerlichen Weg auf sich genommen hatte. Da verwandelten sich die Hostie in Fleisch und der Wein in Blut. Die katholische Kirche hat das Hostienwunder offiziell anerkannt, Gral und Patene sind in der Kirche Santa María ausgestellt. Sie stehen in der rechten Apsis. Das Grab des zweifelnden Mönches ist ebenfalls zu sehen. Eine Wallfahrt zu Ehren des Wunders findet immer am 8. und 9. September statt.

»Pallozas« nennt man die historischen Rundbauten in dem Dorf O Cebreiro, die bereits von den Keltiberern in vorrömischer Zeit errichtet wurden. Es handelt sich dabei um einfache, strohgedeckte Behausungen mit nur einer Öffnungsluke, die zugleich Stall und Wohnraum waren (links). Das malerisch gelegene Örtchen markiert schon seit Jahrhunderten den Beginn des letzten Abschnitts des Jakobswegs.

ETAPPE 25: VON O CEBREIRO NACH SARRIA

Während die Morgensonne in O Cebreiro schon die Glieder wärmt, liegt der Nebel noch als Wolkendecke über dem Tal. Von hier aus geht es zum Bergdorf Hospital da Condesa über den 1270 Meter hohen Alto San Roque. Eine bronzene Pilgerstatue am Wegesrand stemmt sich gegen die Böen, Sinnbild für alle Vorbeiziehenden, die hier mühsam gegen den Westwind ankämpfen. Den Umhang hinter dem Rücken aufgebläht, hält die Figur ihre Mütze fest. Schweißtreibend und steil ist nicht nur der Kampf gegen den Wind, sondern auch der Aufstieg zum Dach Galiciens, dem Alto do Poio auf 1337 Metern. Doch die Belohnung breitet sich als spektakuläre Aussicht auf grüne, waldbedeckte Hügel vor den Füßen des Betrachters aus. Auf dem Weg nach Sarria liegt nicht nur das berühmte Kloster San Xulián. Hier verströmen die rustikalen Häuser aus Feldstein typisch galicische Bergdorfatmosphäre.

Ob die Bergdörfer nun Padornelo, Fonfría, Triacastela oder Ramil heißen: Dass die Namen der Orte und Kirchen so anders anmuten, liegt daran, dass die galicische Sprache viel näher mit dem weichen Portugiesisch als mit dem Spanischen verwandt ist. In Sarria (links) wartet die Abtei La Magdalena auf pilgernde Übernachtungsgäste, da sie heute zu einer Herberge umfunktioniert wurde (unten).

SAMOS: MONASTERIO DE SAN XULIÁN

Gott spricht in der Stille, heißt es. Sich vom Lärm zurückziehen, innehalten, stehenbleiben, während die Welt draußen sich immer schneller dreht. Wer im Kloster San Xulián von Samos nächtigt, sucht und findet all das. Eine kleine Gemeinschaft von Benediktinermönchen lebt hier und versorgt die Gäste, arbeitet im Klostergarten und für die Gemeinschaft. Das Kloster war im Mittelalter eines der religiösen Zentren Europas, seine Gründung geht sogar schon auf das 6. Jahrhundert zurück. Leider sind aus dieser Zeit keine Gebäudereste mehr übrig, die Mauren hatten die Iberische Halbinsel danach über Jahrhunderte fest im Griff. Der jetzige Bau ist ein bunter Stilmix aus Barock – unter anderem die prächtige Fassade –, Gotik- und Renaissanceelementen. Gleich zwei Kreuzgänge beherbergt das Kloster, von denen der eine mit seinen 54 Metern Länge zu den größten in ganz Spanien gehört.

Viele Kunststile vereinen sich in Klosterkirche (unten) und den Abteigebäuden (links) und schaffen ein eklektisches Besuchserlebnis, das nicht nur an Kunsthistorie Interessierte begeistert. Die eigentliche Gründung des heutigen Benediktinerklosters wird dem heiligen Martin von Braga (um 515–580) zugeschrieben, der sich der Christianisierung von Galicien verpflichtet hatte.

ETAPPE 26: VON SARRIA NACH PORTOMARÍN

Wie Perlen auf einer Kette reihen sich die Pilgerherbergen auf der Hauptstraße Rúa Mayor aneinander. Für Pilger hat Sarria eine besondere Bedeutung: Es ist die letzte Stadt vor der magischen 100-Kilometer-Grenze. Jeder Pilger muss mindestens 100 Kilometer bis zur Kathedrale von Santiago de Compostela wandern, um die Compostela zu bekommen, die begehrte Urkunde, die den erfolgreichen Abschluss der Wallfahrt dokumentiert. Etwa elf Kilometer außerhalb der Stadt steht diese Markierung, ein grauer Stein, der recht bekritzelt ist. Auf seiner Oberkante türmen sich kleine Steine, die zurückgelassenen Lasten. Ein einfaches Zeichen, das trotzdem Endorphine freisetzt. Die allgegenwärtigen Pilgergrüße ¡Buen Camino! (Gute Reise!) und ¡Ultréia, ultréia e suseia, Deus adjuva nos! (Vorwärts, Vorwärts und aufwärts! Gott beschütze uns!) wirken wie Doping.

Mit Moos bewachsene Steinmauern säumen den Weg (ganz links), der nach Morgade führt, einem kleinen Weiler mit nur einem einzigen Haus. In diesem allerdings befindet sich ein Café, das hervorragenden Kuchen anbietet. Unterwegs immer wieder zu sehen sind Getreidespeicher (links). Ein Teil der Etappe führt durch dichten Eichen- und Buchwald, der besonders im Hochsommer wohligen Schatten spendet (unten).

PORTOMARÍN

Nach jedem Kilometer zählen Steine auf dem Weg nach Portomarín die noch verbleibende Strecke. Bald glitzert es blau, der Belesar-Stausee, der sich in den Fluss Miño ergießt und über den eine Brücke führt. Am Ende müssen alle noch eine steile Treppe bis zu den weißen Häusern bezwingen, die terrassenförmig auf der sanft ansteigenden Flanke des Monte do Christo liegen. Alle neu und modern, denn Portomarín ist eine Retortenstadt. Der alte Ort liegt auf dem Grund des Stausees, mit dessen Bau 1956 begonnen wurde. Manchmal, wenn der Pegel sinkt, tauchen Dächer des alten Ortes auf und manch einer behauptet, dass seltsame Wasserwesen jetzt in den Ruinen hausen. Nur die Kirche San Nicolás und ein Teil der Kirche San Pedro sowie ein mittelalterlicher Brückenbogen und zwei Paläste sind nicht versunken, sondern Stein um Stein abgetragen und in der neuen Dorfmitte wiederaufgebaut worden.

Alle Wege in Portomarín führen zur Iglesia de San Nicolás, die mehr nach Wehrburg als nach einem Gotteshaus aussieht (links und im Bild unten rechts). Vier Türme und eine Zinnenbewehrung auf dem Dach unterstützen diesen Eindruck, wenn auch die Fensterrose verrät, dass es sich hierbei nicht um ein militärisch genutztes Gebäude handelt. Erbaut wurde die Kirche von den Rittern des Malteserordens.

ETAPPE 27: VON PORTOMARÍN NACH SAN XULÍAN DO CAMIÑO

Viele Pilger machen die Wallfahrt, um Solitüde, die selbst gewählte Einsamkeit, zu erfahren. Morgens bedecken Nebelschwaden wie Feenhaar Wiesen und Weiden. Auch die knorrigen Eichen verhüllt der milchige Dunst. Mit einem Mal werden die Stämme glatt, schlank und streben stramm gen Himmel. Stille. Kein Vogel zwitschert, keine Grille zirpt. Inzwischen hat sich der Dunst verzogen und es schimmert saftig grün. Ein bekannter, doch erst einmal undefinierbarer Duft steigt in die Nase. Langsam erkennt man: Eukalyptus. Galicien wie der gesamte spanische Nordwesten sind bekannt für ihre Eukalyptuswälder. Die Stämme wachsen schnell und gerade, perfektes Holz für Möbel und die Zellstoffindustrie. Nur die heimischen Insekten und Vögel vertragen das starke Eukalyptusöl nicht. Der Pfarrer der romanischen Kirche von San Xulían do Camiño diskutiert gerne und heiß darüber.

Eigenartige Gebilde aus Holz oder Stein begleiten die Wanderer auf dieser Etappe: Es handelt sich hierbei um die »Hórreos«, alte Speicherhäuser für Feldfrüchte (beide Abbildungen, unten in Palas de Rei, links in Gonzar), die einfach oder recht kunstvoll verziert auf Stelzen an den Wegesrändern stehen. Hier werden vor allem Maiskolben eingelagert, die so vor Niederschlägen und Vögeln geschützt sind.

VILAR DE DONAS

Von Palas de Rei führt nur ein kleiner Abstecher zur Kirche San Salvador in Vilar de Donas. Das romanische Gotteshaus ist ein Überbleibsel des Nonnenklosters, das 1184 von den Jakobsrittern (Santiago-Orden) übernommen wurde. Seinen Namen verdankt der Weiler auch den Nonnen: Vilar de Doñas bedeutet »Haus der Herrinnen«, nur dass heute die Tilde verschwunden ist. Später kamen die galicischen Santiagoritter hier zu ihren Sitzungen zusammen. Rittergestalten an der Wand und auf Särgen sowie Muschel und Schwert, das Wappen des Santiago-Ordens, erinnern an die glänzende Vergangenheit. Genau genommen bedeutet Palas de Rei »Königspalast« – Hochstapelei, denn es gibt keine Beweise für einen Königshof. Doch schon immer sind die Jakobspilger hier durchgezogen. Mönch Aimericus Picaudus monierte in seinem »Jakobsbuch« sogar die ansteigende Prostitution.

Für einige Pilger ist die kleine Kirche San Salvador in Vilar de Donas das schönste Gotteshaus auf dem Jakobsweg und jeden Umweg wert. Berührend sind die gotischen Fresken aus dem 15. Jahrhundert in ihrem Inneren (unten rechts), auf denen u. a. Jesus mit schmerzverzerrtem Gesicht als leidender Mensch dargestellt wird. Außergewöhnlich ist auch die filigrane Ausgestaltung des Portals (links und unten links).

ETAPPE 28: SAN XULÍAN DO CAMIÑO NACH ARZÚA

Viele Pilger brechen sehr früh auf und wandern bis in den Nachmittag hinein, um dann den Beinen Rast zu gönnen und sich den neuen Ankunftsort anzuschauen. Wer vor dem Frühstück an San Xulían do Camiño vorbeigekommen ist, kann die nötige Stärkung im Dorf Coto in der Bar Casa de la Somoza, nach etwa zwei Stunden Wanderschaft, nachholen. Pilgerbekanntschaften festigen sich in solchen Auszeiten, während auf den Wegen zumeist jeder seinem eigenen Tempo folgt. Über Wiesen führt der Pfad dann nach Leboreiro mit seiner niedlichen Dorfkirche Santa María. Nächstgrößerer Ort ist Melide, dem anzusehen ist, dass es schon bessere Zeiten gesehen hat. Gourmets sollten hier eine Portion *pulpos* bestellen, das berühmte Tintenfischgericht. Eukalyptuswälder prägen den nächsten Abschnitt, der teilweise bergauf führt, bis Ribadiso, eine Wegstunde von Arzúa entfernt.

Auf dieser Etappe überquert man den Río Furelos (links), der in das gleichnamige Dorf führt (unten links die Kirche von Furelos mit einer Darstellung von Christus am Kreuze mit ungewöhnlicher Handhaltung). In Arzúa wartet die erst in den 1950er-Jahren errichtete Iglesia de Santiago auf Pilger (unten rechts). Für einige ist Arzúa die letzte Übernachtungsstation vor dem Eintreffen in Santiago de Compostela.

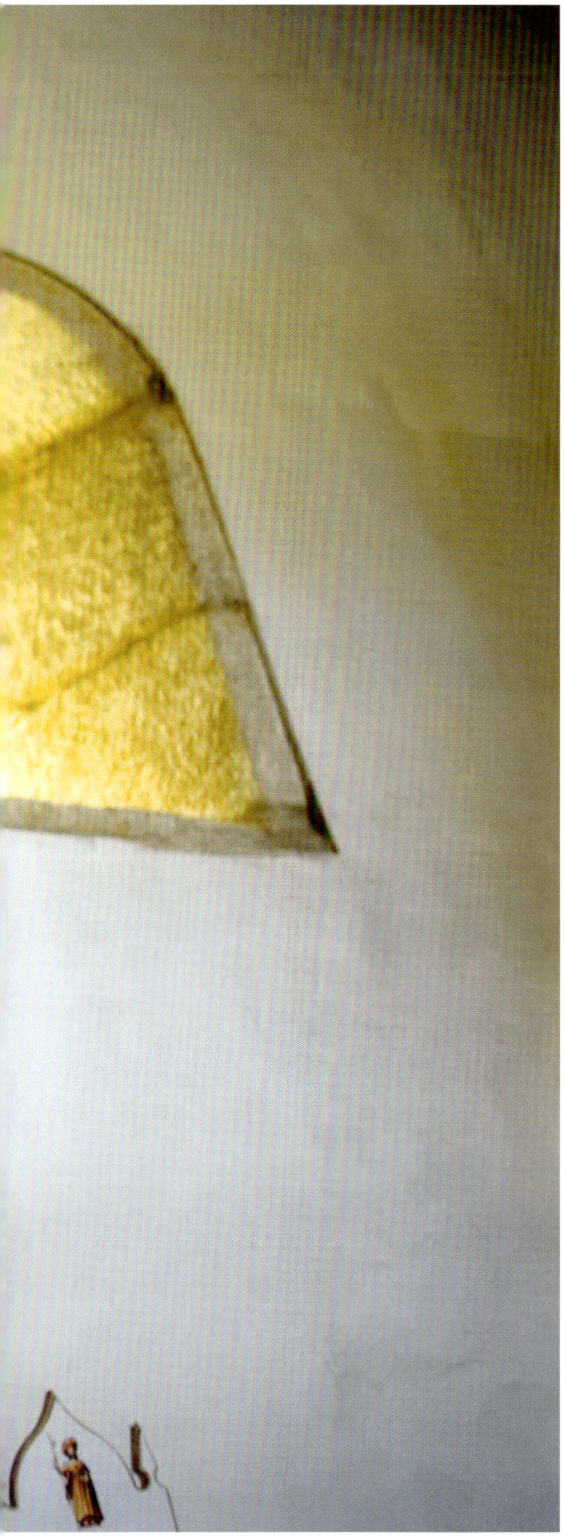

ETAPPE 29: VON ARZÚA NACH SANTIAGO DE COMPOSTELA

Die letzte Etappe bricht an. Die Pilger werden immer mehr. Die Gebete werden lauter. Eine gewisse fiebrige Aufregung scheint über diesem Wegabschnitt zu liegen, als wäre doch nicht der ganze Weg schon das Ziel gewesen. Immer wieder durchatmen lohnt sich, vielleicht in dem kleinen Eichenwäldchen hinter Peroxa mit seinem romantischen Bachlauf – um nicht auf den letzten Kilometern dem Sog des Endlich-Ankommen-Wollens zu verfallen. Etwa auf der Hälfte der Strecke liegt Pedrouzo, das zum Weiterwandern einlädt, aber ein Supermarkt hilft, Verpflegungsengpässe auszugleichen. Wer morgens in Santiago de Compostela ankommen will, nächtigt im vier Kilometer davor liegenden San Marco. Dort wartet der Monte do Gozo – der »Freudenberg«. Von dem Hügel aus erblicken Pilger das erste Mal Santiago de Compostela. Früher ging es ab hier barfuß und barhäuptig weiter.

Vom Monte do Gozo können Pilger das erste Mal in der Ferne Santiago de Compostela erblicken. Auf dem Berg selbst weist eine Jakobsstatue den Weg (links) und eine Gedenkstätte erinnert an den Besuch von Papst Johannes Paul II. im Jahr 1989 anlässlich des Weltjugendtags (ganz links). Ist man erstmal in dem zu Santiago de Compostela gehörenden Parque de la Alameda angelangt, ist das Ziel schon ganz nah (unten).

SANTIAGO DE COMPOSTELA

Der Legende nach retteten im 8. Jahrhundert fromme Christen die Gebeine des Apostels Jakobus des Älteren aus dem Katharinenkloster auf der Sinai-Halbinsel vor den Sarazenen und brachten sie nach Galicien. In einer eigens errichteten Kirche wurden sie beigesetzt. Im Kampf gegen die Mauren wurde Jakobus zum Patron der Christen. Den Sieg in der Schlacht von Clavijo 844 schrieb man seinem Eingreifen zu. Die Nachricht davon verbreitete sich schnell in ganz Europa. Santiago wurde neben Rom und Jerusalem zum wichtigsten Wallfahrtsort. Die Stadt selbst ist praktisch um die Kathedrale herum gewachsen und präsentiert sich heute wie ein kulturhistorisches Freilichtmuseum. Zahlreiche, vor allem barocke Kirchen warten auf Besucher, pittoreske Altstadtgassen bieten dem Touristen ebenso wie dem frommen Pilger weltliche Erholung.

Sie überstrahlt das Stadtbild: Die Kathedrale von Santiago de Compostela wurde im Jahr 1211 geweiht und später mit Kapellen, der Kuppel und einem Kreuzgang erweitert. Höhepunkt und Abschluss des Baus war die spätbarocke Fassade. Seit Jahrhunderten treffen sich die Pilger, die auf dem Jakobsweg gekommen sind, auf dem Platz vor der Kirche. Außerdem besitzt die Stadt 46 weitere Kirchen und Kapellen.

SANTIAGO DE COMPOSTELA: ALTSTADT

In Santiago de Compostela führen alle Wege zum Grab des heiligen Jakobus. Wer den Industriegürtel der Stadt durchquert hat, landet in den kleinen mittelalterlichen Gassen der Altstadt mit Bürgerhäusern aus sieben Jahrhunderten. Auf dem Markt (Mercado de Abastos) lassen sich alle typischen und besonderen Produkte Galiciens einkaufen. Daneben liegt in schlichter Erhabenheit die Kirche San Fiz de Solovio mit einem beeindruckenden romanischen Portal. In der Rúa do Franco können Pilger die etwaigen Strapazen ihrer Wanderschaft zwischen zwei Schlucken spanischen Kaffees am Nachmittag oder Ribeiro-Wein am Abend vergessen. Mit den kleinen Boutiquen, Cafés und Restaurants ist die Straße eines der beliebtesten Ausflugsziele am Rande der Altstadt. Die Rúa do Vilar lädt zum Fotografieren der neoklassizistischen Arkadengänge ein.

Die Rúa da Raíña (unten links), die Rúa Nova (unten rechts) und die Rúa do Vilar (links) sind typische Gassen in der Altstadt von Santiago de Compostela, die seit dem Jahr 1985 zum Kulturerbe der UNESCO zählt. Steinerne Laubengänge und kleine Cafés, zahlreiche Pilgerherbergen und barocke und neoklassizistische Fassaden prägen die engen Straßen rund um das Herz der Stadt, der mächtigen Kathedrale.

SANTIAGO DE COMPOSTELA: ALTSTADT

Vom Praza das Praterías vor der Südfassade der Kathedrale blickt man auf die Casa do Cabido, das Domkapitelhaus.

SANTIAGO DE COMPOSTELA: PRAZA DA INMACULADA

Im Volksmund heißt dieser Platz Plaza de Acibecheria, benannt nach den Werkstätten, die im Mittelalter dort Gagat *(acibeche)*, ein versteinertes Holz, bearbeiteten. Die Gagat-Schnitzer stellten Jakobsmuscheln und andere Pilgerdevotionalien her und tummelten sich am damaligen Haupteingang zur Kathedrale, dem Paradies-Tor. Vor dem ursprünglichen Nordtor mit seinen paradiesischen Plastiken befand sich auch der nunmehr im Kreuzgang zu besichtigende Fons Mirabilis (»wunderbarer Brunnen«), ein romanischer Granitbrunnen, an dem die Pilger sich wuschen, bevor sie das Innere der Kathedrale betraten. Pilgernde strömen heute erst einmal weiter zum Praza do Obradoiro und lassen das Paradies-Tor links liegen. Doch auf dem Rückweg werfen viele einen Blick auf die riesige Fassade des Klosters San Martiño Pinario, die den Platz prägt.

SANTIAGO DE COMPOSTELA: PRAZA DA INMACULADA

Der Praza da Inmaculada befindet sich an der heutigen Rückseite der Kathedrale, der Nordseite (beide Abbildungen), heute dominiert den Platz vor allem das Kloster San Martiño Pinario. Im Mittelalter befand sich hier noch der Haupteingang der Kathedrale, die Porta do Paraíso. Leider wurden die romanischen Skulpturen an diesem Paradies-Portal beim Bau der barocken Fassade zerstört.

Pilger betreten die Kathedrale durch dieses eindrucksvoll geschmückte Portal, das zwischen 1168 und 1188 geschaffen wurde.

SANTIAGO DE COMPOSTELA: CATEDRAL

Das Grab des heiligen Jakobus war im Mittelalter neben Rom und Jerusalem das bedeutendste Pilgerziel der Christenheit. Nach der endgültigen Vertreibung der Mauren begann deshalb Bischof Diego Pelaez 1075 mit dem Bau einer der Bedeutung des Pilgerzieles angemessenen Kathedrale. Ihre Fertigstellung allerdings zog sich bis in die Mitte des 18. Jahrhunderts hin. Die beiden wuchtigen Fassadentürme wurden erst 1750 fertiggestellt. Die lange Bauzeit brachte es mit sich, dass sich reine Romanik und üppigster Barock mischen. Dieses Nebeneinander beherrscht auch die gigantische Fassade. Der mit reichem Skulpturenschmuck versehene Pórtico de la Gloria wird von einem spätbarocken Vorbau verdeckt. Das Kathedralmuseum umfasst die Schatzkammer, den Kapitelsaal und den Kreuzgang aus dem 16. Jahrhundert.

Eine ganz besondere Atmosphäre herrscht in der Kathedrale von Santiago de Compostela, wenn das Botafumeiro aus dem Jahr 1851 zum Einsatz kommt (links). Hierbei handelt es sich um das wohl größte Weihrauchgefäß der katholischen Kirche, das zu besonderen Anlässen längs durch das Kirchenschiff geschwenkt wird und Gläubige, Pilger und Besucher gleichermaßen in einen intensiven Weihrauchduft hüllt.

Im Inneren der Kathedrale setzt sich der Stilmix der Außengestaltung fort: Die eindrucksvolle romanische Formensprache des Gebäudes ist teilweise mit üppigstem Barockschmuck überzogen, das Ganze gipfelnd im goldenen Hochaltar mit der versilberten Figur des heiligen Jakobus aus dem 13. Jahrhundert im Mittelpunkt. Die kleine Statue ist das endgültige Ziel der Pilger. Der Heilige, flankiert von seinen Schülern Athanasius und Theodorius, kann über eine Treppe hinter dem Altar erreicht und in die Arme geschlossen werden. Ungewöhnlich ist auch der Baldachin über dem Hochaltar: Im frühen 18. Jahrhundert von Domingo de Andrade gestaltet, wird er von acht Engeln gehalten. In den vier Ecken finden sich symbolische Darstellungen der Kardinaltugenden. Unter dem Hochaltar befindet sich das Mausoleum des Heiligen, dessen Reliquien in einem Silberschrein ruhen.

Glaubt man der Legende, dann wurde der Apostel Jakobus im Jahre 44 in Palästina enthauptet und seine sterblichen Überreste per Boot in den äußersten Nordwesten Spaniens, wo er zuvor das Evangelium verkündet hatte, gebracht. Nachdem 813 ein Mönch mehrfach eine Sternenerscheinung hatte und Jakobus dem König bei einer siegreichen Schlacht gegen die Araber erschienen ist, begann der Heiligenkult.

SANTIAGO DE COMPOSTELA: CATEDRAL – CRIPTA SEPULCRAL

In der Krypta der Kathedrale ruht das Herz der Stadt – die aus Jerusalem geretteten Gebeine des heiligen Jakobus, des Jüngers Jesus, der zuvor in Spanien missioniert hatte. Die Entdeckung des verschollenen Marmorgrabes im 9. Jahrhundert von dem Eremiten Pelayo (Pelagius) war der Anfang einer langen Geschichte, während der um das Grab herum allmählich die heutige Kathedrale und das heutige Santiago de Compostela wuchsen. Im 16. Jahrhundert verschwanden die Gebeine auf ungeklärte Weise für drei Jahrhunderte, als sie vor Francis Drake in Sicherheit gebracht werden sollten. 1897 tauchten sie wieder auf. Noch immer übt der Heilige eine enorm anziehende Wirkung aus, angesichts der steigenden Pilgerzahlen von Jahr zu Jahr. Die Echtheit der Reliquien wird notorisch angezweifelt, doch echte Pilger wissen: Der heilige Jakobus lebt, solange sie auf Wanderschaft sind.

Der silberne Reliquienschrein in der Krypta (beide Abbildungen) stammt aus dem Jahr 1886. In ihm sind vermutlich nicht nur die Gebeine des heiligen Jakob geborgen, sondern auch die sterblichen Überreste seiner Jünger, des Athanasius und des Theodorus, später Bischöfe von Saragossa. Ebenfalls in der Krypta zu finden ist ein goldenes Kruifix aus dem 9. Jahrhundert, das einen Splitter vom Kreuze Christi enthalten soll.

SANTIAGO DE COMPOSTELA: PRAZA DO OBRADOIRO

Das Gefühl, tatsächlich angekommen zu sein, befällt Pilgernde zumeist nicht erst vor dem Grab des heiligen Jakobus, sondern schon auf dem weitläufigen Praza do Obradoiro. Der unverstellte Anblick des Westwerks der großen Kathedrale quer über den großen Platz hinweg führt häufig zu einem Gefühl unmittelbaren Berührtseins. Nicht unbedingt wegen seiner kunsthistorischen Bedeutung, sondern weil sich noch beim ungläubigsten Pilger so etwas wie ein spirituelles Grundgefühl während der Reise herausbildet, das angesichts des plötzlich nur wenige Schritte entfernten Ziels der Pilgerschaft eine Art melancholische Euphorie erzeugt. Erst beim Heraustreten aus der Kathedrale richtet sich bei den meisten die allmählich wieder weltlicher werdende Aufmerksamkeit auf Rathaus (Pazo de Raxoi), Hotel (Parador) und Universität (Colexio de San Xerome), die den Platz säumen.

Strahlender Mittelpunkt des Praza do Obradoiro ist natürlich die Kathedrale, das Ziel der Jakobspilger (unten, Bildmitte; rechts im Vordergrund zu sehen ist das Colegio de San Jerónimo, das Hieronymus-Kolleg, links im Bild der Parador). Nur selten ist der Platz menschenleer, tagsüber tummeln sich hier die ankommenden Pilger, die auf Straßenhändler und Jakob-Pantominen treffen (links).

SANTIAGO DE COMPOSTELA: PAZO DE RAXOI

Es kommt während der Hauptpilgerzeit von Mai bis September nicht oft vor, aber wenn Pilgernde doch einmal von einem Regenschauer überrascht werden und sich gerade auf dem großen Praza da Obradoiro befinden, bietet es sich an, unter den langen Arkadengang des Pazo de Raxoi, des heutigen Rathauses (Casa do Concello) der Stadt, zu flüchten. Der monumentale Palast (Pazo) ist benannt nach seinem Auftraggeber, Erzbischof Raxoi. Das unter anderem als Unterkunft für Chorknaben konzipierte neoklassizistische Gebäude von 1766 liegt direkt gegenüber der Westfassade der Kathedrale. Es ist nur von außen zu besichtigen, im Inneren finden administrative Vorgänge statt, die keine touristische Besichtigung lohnen. Historisch Interessierte sollten einen Blick auf das Marmorrelief in der Fassadenmitte werfen. Dort wird die legendenhafte Schlacht von Clavijo plastisch erzählt.

Links: Die riesige neoklassizistische Fassade des Rathauses stammt aus dem ausgehenden 18. Jahrhundert und kontrastiert mit der mächtigen barocken Westfassade der Kathedrale, die sich ebenfalls am Praza do Obradoiro befindet. Im Tympanon des Mittelsegments wird die Erscheinung des heiligen Jakob bei der Schlacht von Clavijo dargestellt. Unten: die langen Arkadengänge im Untergeschoss.

SANTIAGO DE COMPOSTELA: PARADOR

Wahrhaft königlich speisen Gäste des ältesten Pilgerhotels der Stadt in den gewölbten Räumen des Dos Reis im Untergeschoss des Parador de Santiago de Compostela. Das heutige Fünf-Sterne-Hotel wurde 1499 von Isabella I. von Kastilien und Ferdinand II. von Aragon als Pilgerherberge eingeweiht. Es bewahrt noch gotische Elemente, anders als andere repräsentative Bauten der Stadt. Das Haus vereint die Noblesse eines hochkarätigen Hotelbetriebs mit der Besonnenheit von Kunstkennern mit Liebe zum Detail. In den Kreuzgängen zum Innenhof hin herrscht nicht die tiefe Stille klösterlicher Kreuzgänge, sondern ein luftiges Repräsentationsgefühl von Sehen und Gesehenwerden über die geometrische kleine Gartenanlage hinweg. Wer seine Pilgerreise hier enden lässt, kommt wieder an in der Zivilisation mit ihren subtilen Regeln guten Stils und gelungener Selbstdarstellung.

Der Parador von Santiago de Compostela, auch als Hostal dos Reis Católicos bekannt, ist ein stilvoller Ort für Pilger, um nach den Strapazen der Wanderschaft zu entspannen. Darüber hinaus bietet das vom Staat betriebene Hotel auch Gelegenheit, alte und moderne Kunst zu genießen. Im Innenhof mit seinen gotischen Arkaden stehen zeitgenössische Skulpturen von Ramón Conde (unten rechts).

SANTIAGO DE COMPOSTELA: MONASTERIO DE SAN MARTIÑO PINARIO

Groß ist dieses barocke Gebäude, das zweitgrößte sakrale Bauwerk der Stadt. Ursprünglich im 12. Jahrhundert erbaut, lässt die 100 Meter lange Front heute nichts mehr erahnen von den Gründungsmauern und den Pinien (Pinario), zwischen denen es entstand. Das Kloster wurde im 17. Jahrhundert komplett umgestaltet, zu seiner Zeit eine der mächtigsten Benediktinerniederlassungen Galiciens. Von Fernando de Casas stammt die Gestaltung des Haupteinganges mit dem heiligen Martin von Tours (San Martiño), dessen legendäre Mantelteilung in Stein gebannt wurde. Die Kirche des Klosters gilt als zweitwichtigste Kirche Santiago de Compostelas. Das Geschichte atmende hölzerne Chorgestühl von Mateo de Prado aus dem 17. Jahrhundert war für Angehörige des Benediktinerordens reserviert. Das umgewidmete Kloster wird im Sommer teilweise als Hotel genutzt.

Hier stand im 10. Jahrhundert die kleine Kapelle von Bischof Sisnando, die sich im Laufe der Jahrhunderte zu einer der bedeutendsten Abteien Galiciens ausweiten sollte. Heute ist von den bescheidenen Anfängen nichts mehr zu erkennen, die imposante Fassade aus dem 17. Jahrhundert mit ihren Renaissance- und Barockelementen ist ebenso gigantisch wie eindrucksvoll (unten).

SANTIAGO DE COMPOSTELA: SEMANA SANTA

Ostern ist traditionellerweise der Beginn der Pilgersaison. Wer in der am Palmsonntag (Domingo de Ramos) beginnenden heiligen Woche (Semana Santa) schon in Santiago de Compostela angekommen ist, trifft auf eine Stadt in Feststimmung. Prozessionen, Konzerte, Ausstellungen – in dieser Woche finden Pilger alles verdichtet vor, was sonst über das ganze Jahr verteilt wird. Religion, Kunst und Kultur wogen durch die ohnehin schon an Kulturgütern überreiche Stadt und verwandeln sie in ein einziges festliches Ereignis. Die Übergänge zwischen echten katholischen Riten und touristischen Massenveranstaltungen sind in der heiligen Woche fließend. Ziemlich eindrucksvoll präsentiert sich die in der Gründonnerstagnacht stattfindende Prozession Nuestro Padre Jesús Flagelado. In schwarzen Gewändern und weißen spitzen Hüten, die das Gesicht bedecken, schreiten Fackelträger barfuß durch die Straßen, begleitet von Trommelschlägen und Trompetenschall. Der gepeinigte hölzerne Jesus, dem die seit 1953 stattfindende Prozession gilt, stammt aus dem frühen 18. Jahrhundert und schwebt auf einer blumengeschmückten Sänfte durch die Gassen Santiago de Compostelas. In der Kathedrale nimmt der Ostersonntag seinen olfaktorischen Auftakt mit dem Botafumeiro, dem silbernen Weihrauchkessel des Erzbischofs.

Die Semana Santa (»heilige Woche«) wird in der Karwoche in allen Regionen Spaniens als das größte religiöse Fest des Jahres gefeiert, nirgends jedoch mit so vielen Zuschauern wie in Santiago de Compostela. Ihren Ursprung hat die Semana Santa im 16. Jahrhundert, als die katholische Kirche versuchte, ihren Gläubigen die Passion Christi verständlich zu machen – mithilfe von fröhlichem Festtreiben.

SANTIAGO DE COMPOSTELA: CONVENTO DE SAN FRANCISO

Der Legende nach wurde das Kloster des heiligen Franz von Assisi von einem im Wald lebenden Köhler finanziert. Bei ihm soll der Heilige 1214 auf der Durchreise zum Grab des heiligen Jakobus einige Nächte verbracht haben. Während einer Meditation wurde Franziskus der Auftrag zur Klostergründung direkt von Gott erteilt, den nötigen Schatz zur Finanzierung des Bauvorhabens fand der arme Köhler an einer von Franziskus bezeichneten Quelle im Wald. Das Grab des legendären Köhlers Cotolay liegt noch heute im Inneren des ursprünglich gotischen Baus, der nach einem Brand im 17. Jahrhundert in neoklassizistischer Manier umgestaltet wurde. Fünf Spitzbögen sind vom Originalbau erhalten, in denen Buntglasfenster den Tagungsraum »Karl V.« in die Zeiten aufhebendes gedämpftes Licht tauchen. Das Kloster wird heute teilweise als Hotel genutzt, kann aber besichtigt werden.

Auch der heilige Franz von Assisi war wohl auf dem Jakobsweg unterwegs, mittelalterliche Quellen lassen auf eine Pilgerreise in den Jahren 1213 bis 1215 schließen. Dieser Begebenheit zu Ehren wurde das Kloster errichtet.

SANTIAGO DE COMPOSTELA: COLEGIO MAYOR DE FONSECA

Die reiche und mächtige Familie der Fonsecas hat im 16. Jahrhundert zahlreiche Spuren der spanischen Renaissance im Stadtbild hinterlassen. Das Colegio Mayor de Fonseca wurde vom damaligen Erzbischof von Santiago de Compostela, Alonso de Fonseca, gegründet. Das prächtige Portal von Diego de Siloé ist ein schönes Zeugnis des plateresken Renaissancestils. Die Einrichtung ermöglichte zunächst galicischen Jünglingen das Studium, wurde allerdings 1605 zum Universitätsableger für irische Studenten (Colegio de los Irlandeses). Katholische Lernende hatten es schwer im Irland des frühen 17. Jahrhunderts. Dort richteten sich sogar strafrechtliche Verfolgungswellen gegen den Katholizismus im Land. Unter anderem in Santiago de Compostela konnten die Iren ungestört inmitten eines ebenfalls keltisch geprägten historischen Umfeldes ihrer Ausbildung zu Priestern nachgehen.

Azaleen blühen im Innenhof des Kreuzgangs des Colegio Mayor de Fonseca und umwuchern die Statue des Erzbischofs Alonso III. de Fonseca, dem Gründer des Kollegs, der 1475 in Santiago de Compostela geboren wurde.

SANTIAGO DE COMPOSTELA: CONVENTO DE SAN FRANCISO

SANTIAGO DE COMPOSTELA: SANTO DOMINGO DE BONAVAL

Treppen sind normalerweise Transiträume. Sie werden benutzt, nicht eigens beachtet. Die von Domingo de Andrade entworfene dreifach gewundene Wendeltreppe im Inneren der im 13. Jahrhundert gebauten Klosterkirche Santo Domingo de Bonaval ist vielmehr ein lohnenswertes Ziel, statt nur Übergang in höhere Stockwerke zu sein. Als führte doch ein Weg zu Gott, schwingt sich die im 17. Jahrhundert entworfene architektonische Meisterleistung empor und endet in gleißendem Licht. Im Kloster findet sich auch das Museum des Galicischen Volkes (Museo de Pobo Galego). Es entführt Besucher in die ursprüngliche Welt der Galicier und lässt Handwerk, Kunst und Alltag des historischen Galicien lebendig werden. Hinter dem Kloster liegt der Park Santo Domingo de Bonaval. Er wurde 1994 entworfen und soll, wie auch das in den Park gebaute Museum, zeitgenössische Kunst und Lebensart vermitteln.

Als Santo Domingo de Guzmán etwa um 1220 Santiago de Compostela besuchte, nahm er dies zum Anlass der Gründung eines Dominikanerklosters. Die barocke Wendeltreppe stammt allerdings erst aus dem Jahr 1696.

CAMINO ARAGONÉS

Frankreichs Via Tolosana, ein in Arles beginnender Abschnitt des Jakobsweges, wird auf dem Col de Somport, dem Somport-Pass, zum Camino Aragonés. Benannt ist er nach dem Fluss und Landstrich südlich der Pyrenäen. Der Himmel ist auf Spaniens Seite blauer, dafür büßt das Gras an Grüntönen ein und Beige und Ocker nehmen überhand. Die Dörfer entlang des Weges sind zumeist sehr alt und leben hauptsächlich von den Pilgern, auch wenn dieser Abschnitt weit weniger begangen wird als der Camino Francés. Letzterer und der aragonische Jakobsweg vereinigen sich bei Puente la Reina.

Das Bergdorf Berdún liegt auf einem Tafelberg vor der mächtigen Kulisse der Pyrenäen. Man passiert es auf der zweiten Etappe des Camino Aragonés zwischen Jaca und Arrés.

ETAPPE 1: VON SOMPORT NACH JACA

Vielversprechend beginnt der Camino Aragonés auf dem Somport-Pass, wo Frankreich und Spanien inmitten der Pyrenäen aneinandergrenzen. Pilger können sogar auf dem Pass nächtigen und sich anschließend an den Abstieg machen, über Treppen und auf steinigen Pfaden. Im Tal zeugt ein aus der Zeit gefallenes Kuriosum von menschlicher Hybris: der Bahnhof von Canfranc. In dem 700-Seelen-Ort wartet der zu seiner Bauzeit 1928 zweitgrößte Bahnhof Europas auf Reisende und träumt von dem Tag, an dem die anvisierten Massen im Inneren des 250 Meter langen Bahnhofsgebäude ankommen. Am Ortsausgang von Canfranc schwingt sich eine bemerkenswerte alte Steinbrücke über den Aragón. Danach geht es über Felder oder an Straßen entlang durch erste spanische Ortschaften wie Castiello de Jaca mit der schlichten und bezaubernden romanischen Kirche San Miguel bis nach Jaca.

Großes Bild: Vom Somport-Pass breitet sich das Panorama der Pyrenäen aus. Wie die Alpen sind die Pyrenäen vor etwa 50 bis 100 Millionen Jahren als Faltengebirge entstanden. Ihre Gipfel erreichen Höhen von über 3000 Metern, ihre Ausläufer reichen im Westen an den Atlantik und im Osten bis an das Mittelmeer. Ein Marien-Altar weist den Pilgern am Somport-Pass den rechten Weg (links).

ABSTECHER: PARQUE NATURAL DE LOS VALLES OCCIDENTALES

Westlich von Canfranc, direkt an der spanisch-französischen Grenze, erstreckt sich über ein Gebiet von mehr als 27000 Hektar der von uralten Mischwäldern, Gletscherflüssen und den Pyrenäen geprägte Naturpark der Westlichen Täler. Ihn zu durchwandern berührt vor allem die Herzen von Liebhabern von Einsamkeit und unberührter Natur. Schwarze und Rote Milane kreisen hoch oben am Himmel, während unten Auerhähne ihre markanten Schreie im Unterholz ausstoßen. Die weiß in der Sonne glitzernde Bergspitze des höchsten Berges im Gebiet, des 2670 Meter hohen Bisaurin, überragt den Park. Eine Besonderheit ist das Valle de Aguas Tuertas, ein Hochtal, durch das sich ein scheinbar karmesinroter Bach durch tiefgrüne Wiesen schlängelt, bewacht von roten Sandsteinfelsen. Es ist allerdings gar nicht die Wasserfarbe, sondern die Farbe der Steine im glasklaren Gewässer, die den Kontrast erzeugt. Verwitterte, bemooste Dolmen am Talausgang künden von 5000 Jahre Besiedlungsgeschichte der Westlichen Täler. Im geheimnisvollen Wald von Oza (Selva de Oza) liegen zahlreiche, ebenfalls aus der Jungsteinzeit stammende kleine Steinkreise verstreut. Auf den Wiesen entlang der Hänge im Park weiden Kühe und Pferde, ein idyllisches Bild inmitten der urtümlichen gletscherbehangenen Landschaft.

Die hoch gelegenen Täler der Pyrenäen waren lange Zeit schwer zugänglich, sodass sich Dörfer nur langsam entwickelten – sehr zur Freude der Tier- und Pflanzenwelt, die sich hier artenreich und geschützt entwickeln konnte. Tiefe canyonartige Täler, aber auch Hochplateaus mit einer üppigen Vegetation und mächtige Kalksteinmassive bilden eine abwechslungsreiche Landschaft.

JACA

Jaca, der Verkehrsknotenpunkt der aragonesischen Pyrenäen, liegt am Fuß des Felsens Peña Oroel auf einer Terrasse über dem Fluss Aragón. Bereits im 2. Jahrhundert n. Chr. befand sich hier eine römische Niederlassung. An die Vertreibung der Mauren wird alljährlich am ersten Freitag im Mai mit dem Fest La Victoria (»der Sieg«) erinnert. Sehenswert ist die mittelalterliche Altstadt mit dem Benediktinerkloster (darin befindet sich der Sarkophag der Doña Sancha, der Tochter von König Ramiro I. von Aragón und Äbtissin von Kloster Siresa, aus dem Jahr 1096). Die Kathedrale aus dem 11. Jahrhundert zählt zu den ältesten in Spanien; darin befindet sich ein Museum für sakrale Kunst. Eine weitere Attraktion stellt die Zitadelle aus dem 16. Jahrhundert dar. Beeindruckend sind auch die schönen Bürgerhäuser im plateresken Stil.

Neben der Kathedrale San Pedro (unten rechts) sticht besonders die romanische Kirche San Salvador und San Ginés in der Altstadt von Jaca heraus (unten links). Sie ist in einen Teil der Überreste der alten Stadtmauer integriert. Links: Die Zitadelle von Jaca wurde gebaut, um die Hugenotten von der Stadt fernzuhalten. Die fünfeckige Wehranlage ist mit einer noch funktionsfähigen Zugbrücke ausgestattet.

JACA: CATEDRAL DE SAN PEDRO

Die im 11. Jahrhundert errichtete Kathedrale San Pedro gehört zu den ersten Sakralbauten romanischen Stils in Spanien. Als zeitweilige Hauptstadt des Königreiches Aragón wurde Jaca mit repräsentativen Bauten bestückt, zu deren Glanzstücken die Kathedrale gehört. Ein besonderes Augenmerk sind Kapitelle im Inneren, die eine intensive und wegweisende Auseinandersetzung des Meisters von Jaca mit der Spätantike zeigen. Die Opferung des nackten Isaak gilt als erste nachantike Aktdarstellung – und das im 11. Jahrhundert in Spanien. Einen Blick wert ist die der heiligen Eurosia, der Stadtpatronin Jacas, gewidmete Seitenkapelle. Der Legende nach einem Mauren zur Heirat versprochen, hatte die Christin es vorgezogen, sich in einer Höhle zu verstecken, um dem Ansinnen zu entgehen, wo sie gefunden, gefoltert und getötet wurde. Wandgemälde künden von dieser Geschichte.

Unter dem Altar der Michaelskapelle (Bilder links) der Kathedrale liegen die sterblichen Überreste der heiligen Eurosia begraben, der Schutzpatronin von Jaca. Sie wird hier als Bekämpferin von Dämonen dargestellt. Auch wenn die Kirche vornehmlich aus dem 11. Jahrhundert stammt und romanische Architekturelemente aufweist, ist die Deckenbemalung, die die Dreifaltigkeit darstellt, deutlich jünger (unten).

ETAPPE 2: VON JACA NACH ARRÉS

Pilgern muss nicht immer querfeldein und auf schmalen Pfaden erfolgen – manchmal bieten sich auch Hauptstraßen an. Das läuft sich leichter, ist aber lauter. Entlang des Rio Aragón schlängelt sich diese Etappe zunächst durch idyllisches Gelände mit schönem Blick zurück auf die Pyrenäen, aber eben entlang der N240. Vor Santa Cilia de Jaca, dem Ort mit Freibad, kann die Straße verlassen werden – sei es zugunsten eines Abstechers zum Kloster San Juan de la Peña, oder um auf Feldwegen weiterzuwandern. Auf autofreien Pfaden geht es weiter bis Puente la Reina de Jaca, nicht zu verwechseln mit der wahrhaft königlichen Brückenstadt am Ende des Camino Aragonés (Puente la Reina). Von dort sind es nicht einmal mehr vier Kilometer, die zum Ende hin recht steil auf die Höhe des Passes führen, an dem in 800 Metern Höhe das beinah verlassen gewesene Dorf Arrés liegt.

Von Puente la Reina de Jaca aus hat man einen herrlichen Blick auf den schroffen Pyrenäen-Hauptkamm in Richtung Monte Perdido (links). Unten: Die prächtige Kirche Santa María, früher eine Klosterkirche, stammt aus dem ausgehenden 11. Jahrhundert und steht im kleinen Dörfchen Santa Cruz de la Serós, das man auf dieser Etappe durchläuft. Das Gotteshaus ist mit einer interessanten Bibliothek ausgestattet.

MONASTERIO DE SAN JUAN DE LA PEÑA

Vom »oberen Kloster« (17. Jahrhundert) – auf dem Gipfel des Monte Pano –, das beim Einfall Napoléons geplündert wurde und an das nur noch die Barockfassade als letzter Überrest erinnert, betritt man einen Komplex, dessen bedeutendster Bestandteil das über 1000 Jahre alte »untere Kloster« darstellt. Es handelt sich um einen Bau aus der Zeit der Romanik, der in eine riesige Felshöhle hineingehauen wurde; der Legende nach wurde hier sogar der Heilige Gral aufbewahrt. Der Gebäudekomplex umfasst zwei Kirchen; in der älteren ist die Gattin des Ritters El Cid, Jimena, begraben. In der anderen befindet sich die Grablege der Könige mit den sterblichen Überresten der ersten aragonesischen Monarchen. Außerdem ist ein Raum zu besichtigen, der den Benediktinermönchen als Schlafsaal diente. Schön ist der Kreuzgang, der wie eine Sichtblende zwischen Felsen und Abgrund liegt.

Man erreicht das berühmte Kloster San Juan de la Peña entweder von Santa Cruz de la Serós aus auf einer etwa acht Kilometer langen, engen und holprigen Straße, die durch Eichen- und Buchenwälder führt, oder von Jaca über den Pass Oroel (in 1080 Metern Höhe), wobei man sich in Bernués rechts hält (wegen wechselnder Öffnungszeiten ist eine Nachfrage vor der Anreise ratsam).

ARRÉS

Noch vor wenigen Jahren schien es, als hätte das letzte Stündlein des idyllischen, uralten Bergdorfes Arrés geschlagen. Fehlende Arbeit hatte fast alle Bewohner vertrieben, zwischen den steinernen Mauern wohnten scheinbar nur noch der Wind und einige Eidechsen. Doch dann wurde in den 1990ern das ehemalige Haus des Dorfschullehrers von Freiwilligen in eine Pilgerherberge verwandelt und seitdem erholt sich der auf mehr als 1200 Geschichte zurückblickende Ort allmählich von Verfall und Verlassenheit. Mittlerweile floriert sogar ein Gasthof in den Gemächern der alten Burganlage, von wo aus sich ein wunderbarer Blick ins Tal des Rio Aragón eröffnet. Modernes Pilgern dient, wie sich am Beispiel Arrés sehen lässt, nicht nur der eigenen Muße, sondern kann ganzen Ort- und Landschaften wieder auf die Beine helfen. Es scheint, als hätte Gott dieses Dorf doch noch nicht aufgegeben.

Unten: Der mittlerweile fast ausgestorbene Ort Arrés liegt auf einer Anhöhe und bietet daher eine der schönsten Aussichten des ganzen Jakobswegs, insbesondere die Sonnenuntergänge und Abendstimmungen können hier malerisch sein. Von freiwilligen Helfern wird hier eine kleine Herberge betrieben, die im Sommer oft überfüllt ist. Dann dürfen Pilger ihre Schlafmatten auch in der kleinen Kapelle ausrollen.

ETAPPE 3: VON ARRÉS NACH RUESTA

Das trauliche Gebimmel von vielen Glocken kann einem Wanderer auf dieser Strecke schon von Weitem eine der Schaf- und Ziegenherden ankündigen, die im Canal de Berdún, dem Tal des Rio Aragón, ganz traditionell von Schafhirten mit Hütehunden geweidet werden. Wer den steilen Abstieg von Arrés in die fruchtbare Ebene bewältigt hat und dann auf eine dieser großen Herden trifft, fühlt sich gleich etwas geborgener, auch wenn er an gute Mächte im Hintergrund nicht mehr glauben mag. Die Etappe steht vor allem im Zeichen menschlicher Schaffenskräfte. Der riesige Yesa-Stausee, der auf umstrittenen Umsiedelungen basiert, glitzert auf 20 Kilometern neben dem Pilgerpfad. Ruesta, die alte Araberfestung, war von dem Projekt betroffen und ist heute eine verlassene Dorfruine. Pilger können hier nächtigen – doch belebte Dörfer sind weitaus angenehmere Herbergen.

Die riesige Yesa-Talsperre (»Embalse de Yesa«, unten und ganz links) wurde in den 1920er-Jahren geplant, um die niederschlagsarmen Regionen wie Las Bardenas mit Wasser zu versorgen. Die Arbeiten begannen 1936 und wurden erst 1959 abgeschlossen. Dabei wurden 2400 Hektar Land geflutet, darunter auch die römischen Thermenruinen von Tiermas. Links: Ruinen des arabischen Kastells von Ruesta.

ETAPPE 4: VON RUESTA NACH SANGÜESA

Zwei Königreiche grenzen zwischen Ruesta und Sangüesa aneinander: Aragón und Navarra. Ein König der Lüfte begleitet große Teile der Wegstrecke: Gänsegeier brüten in den Schluchten der Sierra de Leyre und gleiten mit ihren riesigen Schwingen lautlos über die bedächtigen Pilger hinweg, deren Königreich wiederum im Himmel jenseits des sichtbaren Raumes liegt – sofern sie gläubig genug sind. Auf Erden führt der Weg hinter Ruesta zunächst bergauf durch lichte Laubwälder. Von der erklommenen Passhöhe aus eröffnet sich ein weiter Blick auf Navarra. Einziges erwähnenswertes Dorf des Wegabschnittes ist das auf einer Anhöhe gelegene Undués de Lerda, dessen Kirchplatz zum Verweilen einlädt. Hinter dem Ort kreuzt der Jakobsweg die alten Reichsgrenzen. Die kleine Pilgerstadt Sangüesa hütet schöne Baudenkmäler wie die romanische Kirche Santa María la Real.

Auf dieser Etappe ist das Castillo de San Javier (alle Abbildungen) einen Umweg wert. Seine Ursprünge lassen sich auf das 10. Jahrhundert zurückführen, als hier ein Wehrturm errichtet wurde. Im 13. und 14. Jahrhundert erfolgte eine Umgestaltung im gotischen Stil. Die Burg diente als Sitz verschiedener Adliger, darunter auch des heiligen Francisco Javier, Schutzpatron Navarras, weshalb sie eine Wallfahrtsstätte ist.

SANGÜESA

Sangüesa war seit jeher eine der vielen Stationen auf dem Jakobsweg. Schon seit den Zeiten Alfons des Kämpfers (11. Jahrhundert) liegt dieses Städtchen an einem strategisch günstigen Ort, weil hier die Flüsse Irati und Aragón zusammenfließen. Ursprünglich war der Ort ein Militärstützpunkt gegen die maurische Bedrohung auf der Anhöhe von Rocaforte; später entwickelte sich daraus dann eine wohlhabende Stadt. Ein halbes Dutzend Kirchen, unter denen besonders Santa María la Real und San Francisco hervorstechen, prägen das Ortsbild. Die prächtigen Profanbauten stehen ihnen allerdings in nichts nach, allen voran der romanische Palast des Fürsten von Viana (heute Sitz des Rathauses), der Palast der Grafen von Granada und der Palast Vilasantoro; weitere repräsentative Häuser sind zum Beispiel die Casa de París oder die Casa de las Marquesas.

Das wichtigste Gotteshaus von Sangüesa ist die Iglesia de Santa María la Real (beide Abbildungen). Die Kirche wurde im 12. und 13. Jahrhundert errichtet. Ihr Südportal (unten) schmücken mehr als 300 Figuren, die – teils stark verwittert – die Zeiten überdauerten und ein eindrucksvolles Skulpturenwerk romanischer Kunst sind. Im Inneren ist der vergoldete Hochaltar aus dem 16. Jahrhundert sehenswert.

ABSTECHER: SIERRA DE LEYRE

Die schroffe Bergkette Sierra de Leyre spiegelt sich im sogenannten »Meer der Pyrenäen«, dem Yesa-Stausee zu ihren Füßen. Wer sich von hier aus wandernd in das touristisch wenig erschlossene Gebiet nördlich des vom Aragón gespeisten künstlich geschaffenen Sees wagt, wird vermutlich von den scheuen Wildkatzen der Gegend beäugt. Als beeindruckende Schlucht gilt die Foz de Arbayún – 300 Meter tief eingegraben in die Kalksteinhänge des Höhenzuges. Unten schlängelt sich der Salazar auf seinem Weg gen Südwesten, fast unscheinbar am Grunde der wilden Klamm, die er im Laufe der Jahrhunderte formte. Auch über dieser Schlucht kreisen Gänsegeier, die in den Eichen und Kiefern an den Steilhängen ihre Horste haben. Unter anderem das prächtige Farbspiel der Flora im Herbst lockt Freunde schöner Fotomotive zum Mirador de la Foz de Arbayún, einer Aussichtsplattform nördlich von Iso. Ein besonderes Erlebnis ist ein Ausflug zu Pferde in die Klamm hinein, von Úsun aus, einem winzigen Dorf direkt oberhalb der Schlucht. Besser zugänglich, weil weniger wild und von einem gut ausgebauten Wanderweg durchzogen, ist die nur sieben Kilometer entfernte, vom Irati-Fluss ausgewaschene Foz de Lumbier. Diese malerische Schlucht ist ebenfalls Herberge einer größeren Vogelkolonie.

Ein Fluss windet sich durch schroffe Felsen, Gänse- und Bartgeier nisten in den nahezu senkrechten, bis zu 150 Meter hohen Felswänden, Eichen und Sträucher durchbrechen die Spalten der roten Felswände. Die über Jahrmillionen vom Fluss Irati geschaffene Lumbier-Schlucht, Lebensraum für Füchse, Dachse und Wildschweine, befindet sich im Westen der Sierra de Leyre am Rand der Pyrenäen.

ABSTECHER: SAN SALVADOR DE LEYRE

Das älteste Kloster Navarras ragt etwa 50 Kilometer inmitten einer reizvollen Landschaft südöstlich von Pamplona einsam über dem Aragón-Tal am Fuß der Pyrenäen auf. Zwar ist das Gründungsjahr unbekannt, doch aus dem Jahr 848 ist ein Besuch des heiligen Eulogius von Córdoba (819–859) im Kloster belegt. Ihren Aufschwung erlebte die Abtei im 11. Jahrhundert unter König Sancho III. (1000–1035). Die Krypta der Klosterkirche Santa María de Leyre, Grablege der Könige von Navarra, geht auf das 9. Jahrhundert zurück. Das figurengeschmückte, aus dem 12. Jahrhundert stammende Westportal, die Porta Speciosa, ist ein Meisterwerk der Spätromanik. Das Tympanon mit fünf gut erhaltenen Figuren zeigt Jesus umrahmt von Maria und Petrus. Darüber befinden sich vier Archivolten mit zum Teil verwitterten weiteren figürlichen Darstellungen. Im Inneren kontrastiert das Kreuzrippengewölbe des einschiffigen gotischen Langhauses mit dem romanischen dreischiffigen Chor über der Krypta mit Tonnengewölben und Gurtbogen. Die Abteigebäude scheinen auch irgendwie deplatziert zu sein, datieren sie doch erst aus dem 17. und 18. Jahrhundert. In der ursprünglichen Zisterzienserabtei leben heute Benediktinermönche, die keine Pilgerherberge betreiben, sondern ein Hotel.

Aus der Ferne wirkt San Salvador de Leyre gar nicht wie das älteste Kloster der Provinz, stammen die Abteigebäude doch aus viel späteren Jahrhunderten (unten). Spätestens vor dem figurengeschmückten Eingangsportal und in der Krypta unter dem Kirchenschiff (Bilder links) lassen sich dann die schlichten Stilelemente aus der Epoche der Romanik nicht mehr verleugnen.

ETAPPE 5: VON SANGÜESA NACH MONREAL

Pilger werfen zumeist einen letzten Blick auf die reumütigen Sünder im Angesicht des Jüngsten Gerichtes am Südportal der Santa María la Real nahe am Ortsausgang Sangüesas und dann einen nostalgischen Blick zurück auf das mittelalterliche Städtchen vom Höhendorf Rocaforte aus, bevor sie der nächsten Etappe ins Auge blicken. Im weiteren Wegverlauf überragen ganze Parks von Windrädern auf den Hügelkuppen der Sierra de Izco die Hochwiesenlandschaft. Später durchquert der Pilgerpfad das Landgut Olaz, auf dem furchteinflößende, aber friedliche Stiere frei herumlaufen können. Monreal wird schon von Weitem von dem 1288 Meter hohen pyramidenförmigen La Higa angekündigt. Ein plötzlich blendend weißer Weg zeugt von der Hoffnung wieder steigender Pilgerzahlen. Prächtige Portale in verblassenden Farben künden noch von stolzeren Zeiten des Pilgerstädtchens Monreal.

Die Etappe von Sangüesa nach Monreal führt durch wenig besiedeltes Gebiet ohne nennenswerte kulturelle Höhepunkte. In Monreal (Abbildungen unten) ist dann schon der Verkehr vom Einzugsbereich von Pamplona zu spüren. Davor aber erfreuen zahlreiche Sing- und Raubvögel die Pilger, die hier in der entlegenen Weite ihre Runden am Himmel drehen. Mit Glück sind auch Geier zu erblicken.

ETAPPE 6: VON MONREAL NACH PUENTE LA REINA

Viele Herzen erfüllt die letzte Etappe auf dem Camino Aragonés, der alsbald in den Camino Francés münden wird, mit Wehmut. Das einsame Wandern auf noch nicht täglich begangenen schmalen Pfaden durch im Sommer blumenbesprenkelte Wiesen nähert sich dem Ende. Auf den ersten zwölf Kilometern hinter Monreal liegen kleine Dörfer wie Yárnoz und Ezperun. Als nächstgrößerer Ort ist Tiebas zur Auffüllung der Trinkwasserreserven bestens geeignet. Danach führt der Weg durch das Tal des Río Lobo an Eneriz und der geheimnisvollen Santa María de Eunate vorbei nach Obanos, an dem sich Camino Aragonés und Camino Navarro treffen. Der Glockenturm der Santiago-Kirche vom bezaubernden mittelalterlichen Dorf Puente la Reina, übersetzt »Brücke der Königin«, ist nun schon sichtbar. Die imposante über den Arga geschwungene romanische Brücke erklärt den Namen des Pilgerdorfes.

Die Entstehung und Entwicklung der Ortschaft Puente la Reina sind dicht verwoben mit dem Bau der Brücke über den Río Arga im 11. Jahrhundert, der das Dorf seinen Namen verdankt (unten). Immer mehr Handwerker und Händler ließen sich hier am Jakobsweg nieder, noch immer führt die Calle Mayor direkt von der Brücke durch den Ortskern. Links: Kirche Santa María de Euneate.

SANTA MARÍA DE EUNEATE

Als Höhepunkt und Abschluss des Camino Aragonés, wenige Kilometer, bevor er sich mit dem Camino Navarro vereinigt, lädt der oktogonale Kirchenbau Santa María de Eunate aus dem 12. Jahrhundert zum Innehalten ein. Die frei stehende, von einem Arkadengang umsäumte in sich ruhende Kirche wird im Inneren von einem milden Licht erfüllt, das sich durch die schmalen Alabasterfenster in den schlichten spätromanischen Raum ergießt. Noch nicht abschließend kulturhistorisch geklärt sind die Wurzeln des an einem alten römischen Wegenetz erbauten Kleinodes, manche vermuten eine Verbindung zur Grabeskirche in Jerusalem. Was auch immer ihre erste Bestimmung gewesen sein mag, Taufkirche, Wallfahrtskapelle oder Pilgerhospiz, heute ermöglicht sie in jedem Fall ein nicht mehr selbstverständliches Phänomen – sie erfüllt die menschliche Seele mit tiefer Stille.

Die achteckige Kirche scheint sich aus dem Nichts plötzlich oberhalb des Pilgerpfades zu erheben. Sie ist eines der schönsten – und auch ungewöhnlichsten – Beispiele romanischer Baukunst entlang des Jakobswegs. Aufgrund der Ähnlichkeit mit der Jerusalemer Grabeskirche wird eine Verbindung mit dem Templerorden vermutet, der Beweis für diese These steht allerdings noch aus.

REISEATLAS

Seit dem Mittelalter zieht es Pilger aus aller Welt nach Santiago de Compostela zum Grab des Apostels Jakobus. Den Weg von den Pyrenäen bis Galicien säumen malerische Dörfer und Städte, Klöster und Kastelle und die mächtigen Kathedralen von Burgos und León. Jeder Pilger, der heute den Jakobsweg bereist und mindstens 100 Kilometer auf ihm wandert, Rad fährt oder reitet, erhält auch heute eine entsprechende Urkunde, die Compostela. Die Pilgerherbergen entlang des Jakobsweges sind dabei den wandernden Pilgern mit offiziellem Pilgerbuch vorbehalten.

Der gut ein Jahrtausend alte Weg ist heute mit blauen Hinweisschildern mit einem stilisierten Wanderer oder der gelben Jakobsmuschel gekennzeichnet. Die Schönheiten am Weg allerdings kann man auch als »Autopilger« erleben (unten: bei Pamplona).

LEGENDE

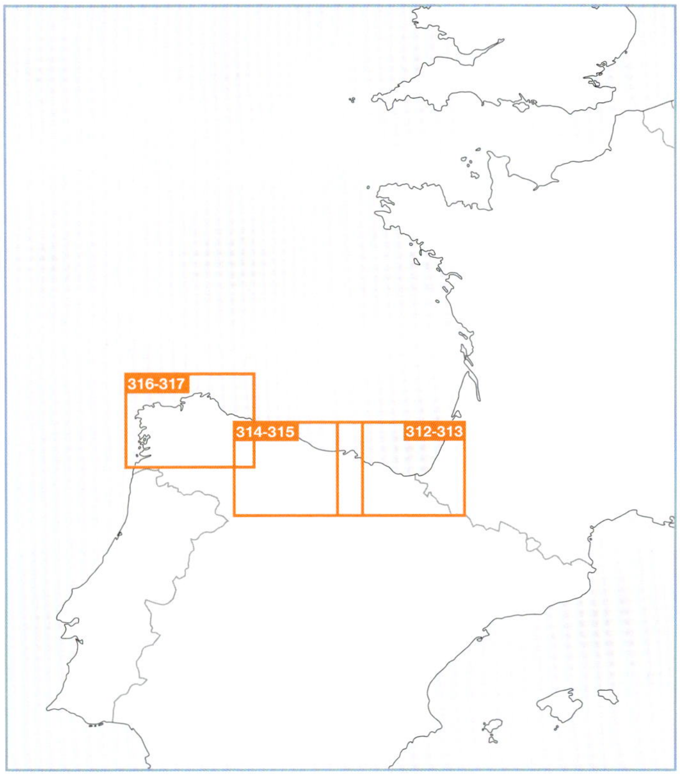

ZEICHENERKLÄRUNG ZU DEN KARTEN 1:660 000

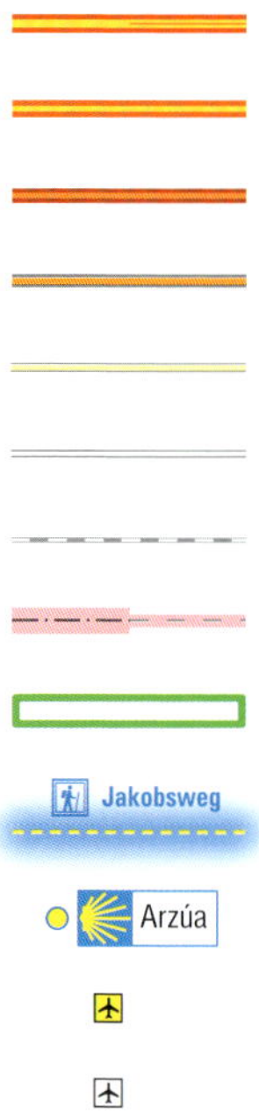

Autobahn/mit Gebühr

4-oder mehrspurige Straße

Fernstraße

Wichtige Hauptstraße

Hauptstraße

Nebenstraße

Bahnlinie

Staats-/Provinzgrenze

National- und Naturpark

Verlauf Jakobsweg

Etappenziel Jakobsweg

Wichtiger Flughafen

Flughafen

PIKTOGRAMME

Berühmte Reiserouten

- Jakobsweg
- Legendäre Bahnstrecke

Naturlandschaften und -monumente

- Gebirgslandschaft
- Felslandschaft
- Seenlandschaft
- Gletscher
- Wasserfall/Stromschnelle
- Schlucht/Canyon
- Höhle
- Nationalpark (Fauna)
- Nationalpark (Flora)
- Nationalpark (Landschaft)
- Naturpark
- Botanischer Garten

Kulturmonumente und -veranstaltungen

- UNESCO-Weltkulturerbe
- Römische Antike
- Naturvölker
- Kirche
- Kirchenruine
- Romanische Kirche
- Gotische Kirche
- Barockkirche
- Christliches Kloster
- Burg/Festung / Wehranlage
- Burgruine
- Palast/Schloss
- Historisches Stadtbild
- Museum
- Freilichtmuseum
- Herausragendes Gebäude
- Grabmal
- Olympiastadt
- Staumauer
- Herausragende Brücke

Bedeutende Sport- und Freizeitziele

- Golf
- Stadion/Arena
- Freizeitpark
- Surfen
- Mineralbad/Therme
- Skigebiet
- Wandern/Wandergebiet
- Aussichtspunkt
- Berghütte/Alm
- Bergbahn

Die Karten auf den folgenden Seiten zeigen die nordspanischen Provinzen mit den verschiedenen Jakobswegen im Maßstab 1 : 660 000. Die geografischen Details werden durch viele touristische Informationen ergänzt; zum einen durch das ausführlich dargestellte Verkehrsnetz, zum anderen durch Piktogramme, die Lage und Art aller wichtigen Sehenswürdigkeiten und Freizeitziele bezeichnen. Touristisch interessante Städte sind farblich hervorgehoben. Auch die von der UNESCO zum Welterbe gezählten Monumente sind besonders gekennzeichnet.

Oben: Landschaftlich reicht die Spannweite des Jakobswegs von den rauen Bergen der westlichen Pyrenäen bis zu denen des Kantabrischen Gebirges, über die von Ödland geprägten Hochflächen der nördlichen Meseta bis zu den Halbwüstenzonen in den navarresischen Bardenas Reales.

Maßstab 1:660 000
0 10 20 Kilometer

Jakobsweg
Verlauf Jakobsweg — Jakobsweg
Etappenziel — Arzúa

Herausragende Naturlandschaften und Naturmonumente
UNESCO-Weltnaturerbe
Gebirgslandschaft
Schlucht/Canyon
Höhle
Naturpark
Biosphärenreservat
Wasserfall/Stromschnelle
Felslandschaft
Nationalpark (Landschaft)
Nationalpark (Fauna)
Nationalpark (Flora)
Küstenlandschaft
Insel
Strand
Badeort

Herausragende Metropolen, Kulturmonumente und -veranstaltungen

- UNESCO-Weltkulturerbe
- Prähistorische Felsbilder
- Christliche Kulturstätte
- Christliches Kloster
- Gotische Kirche
- Romanische Kirche
- Burg/Festung/Wehranlage
- Burgruine
- Vor- und Frühgeschichte
- Palast/Schloss
- Herausragendes Gebäude
- Sehenswerter Leuchtturm
- Kulturlandschaft
- Museum
- Historisches Stadtbild
- Bahnstrecke

Sport- und Freizeitziele

- Wandergebiet
- Skigebiet
- Angeln
- Windsurfen

Maßstab 1:660 000
0 10 20 Kilometer

Jakobsweg
Verlauf Jakobsweg — Jakobsweg
Etappenziel — Arzúa

Herausragende Naturlandschaften und Naturmonumente
UNESCO-Weltnaturerbe
Gebirgslandschaft
Schlucht/Canyon
Höhle
Naturpark
Biosphärenreservat
Wasserfall/Stromschnelle
Felslandschaft
Nationalpark (Landschaft)
Nationalpark (Fauna)
Nationalpark (Flora)
Küstenlandschaft
Insel
Strand

Herausragende Metropolen, Kulturmonumente und -veranstaltungen

- UNESCO-Weltkulturerbe
- Prähistorische Felsbilder
- Christliche Kulturstätte
- Christliches Kloster
- Gotische Kirche
- Romanische Kirche
- Historisches Stadtbild
- Burg/Festung/Wehranlage
- Vor- und Frühgeschichte
- Palast/Schloss
- Herausragendes Gebäude
- Sehenswerter Leuchtturm
- Herausragende Brücke
- Museum
- Freilichtmuseum
- Bahnstrecke

Sport- und Freizeitziele

- Wandergebiet
- Golf
- Seehafen
- Windsurfen

Maßstab 1:660 000

0 10 20 Kilometer

Jakobsweg

Verlauf Jakobsweg

Etappenziel

Jakobsweg

Arzúa

Herausragende Naturlandschaften und Naturmonumente

UNESCO-Weltnaturerbe

Gebirgslandschaft

Schlucht/Canyon

Höhle

Naturpark

Biosphärenreservat

Wasserfall/Stromschnelle

Flußlandschaft

Nationalpark (Landschaft)

Nationalpark (Fauna)

Nationalpark (Flora)

Küstenlandschaft

Insel

Strand

Herausragende Metropolen, Kulturmonumente und -veranstaltungen

- UNESCO-Weltkulturerbe
- Prähistorische Felsbilder
- Christliche Kulturstätte
- Christliches Kloster
- Kulturlandschaft
- Historisches Stadtbild
- Burg/Festung/Wehranlage
- Römische Antike
- Vor- und Frühgeschichte
- Palast/Schloss
- Herausragendes Gebäude
- Sehenswerter Leuchtturm
- Feste und Festivals
- Museum
- Freilichtmuseum
- Bahnstrecke

Sport- und Freizeitziele

- Wandergebiet
- Golf
- Seehafen
- Berg-, Wanderhütte

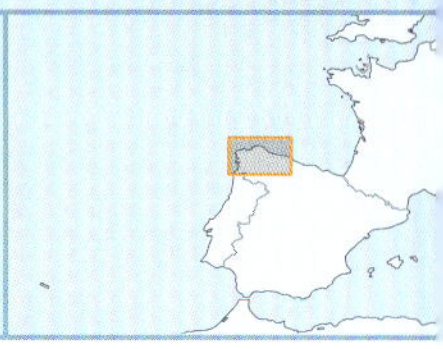

BILDNACHWEIS/IMPRESSUM

C = Corbis; G = Getty Images; M = Mauritius Images

Cover: Look/Jürgen Richter (3x)

S. 2/3 Look/Jürgen Richter, S. 4/5 Look/Jürgen Richter , S. 6/7 G/Domingo Leiva, S. 8/9 Look/age fotostock, S. 10/11 G/ Luis Davilla, S. 12/13 G/Jernimo Alba, S. 14/15 Look/age fotostock, S. 16/17 G/Domingo Leiva, S. 18/19 Look/Jürgen Richter, S. 20 M/Alamy, S. 20/21 M/Alamy, S. 22 M/United Archives, S. 22/23 Look/Jürgen Richter, S. 26 M/age, S. 26/27 Look/age fotostock, S. 29 Look/age fotostock, S. 29 Look/Jürgen Richter, S. 30 M/Alamy, S. 31 C/Duncan McKenzie, S. 32 Look/Jürgen Richter, S. 32/33 Look/Jürgen Richter, S. 34 M/Alamy, S. 34/35 Look/Jürgen Richter, S. 36/37 G/Martin Zalba, S. 38/39 Look/Jürgen Richter, S. 39 M/Alamy, S. 40 G/A. Vergani, S. 40 Look/Jürgen Richter, S. 40 M/Alamy, S. 41 Look/age fotostock, S. 41 M/Alamy, S. 41/42 M/Alamy, S. 44/45 Look/Jürgen Richter, S. 45 M/Barbara Boensch, S. 46/47 Look/age fotostock, S. 47 G/Martin Zalba, S. 47 Look/Jürgen Richter, S. 48/49 Look/Jürgen Richter, S. 49 G/Alvaro Martinez, S. 49 Look/age fotostock, S. 50/51 Look/Jürgen Richter, S. 51 M/Alamy, S. 52/53 G/ Chris Mellor, S. 53 G/iñaki de luis, S. 54/55 Look/Jürgen Richter, S. 55 Look/Jürgen Richter, S. 56/57 Look/Brigitte Merz, S. 57 M/Alamy, S. 58/59 M/Alamy, S. 60/61 C/Danny Lehman, S. 61 Look/age fotostock, S. 61 Look/age fotostock, S. 61 C/Marco Cristofori, S. 62/63 Look/Jürgen Richter, S. 63 M/Alamy, S. 64/65 Look/Jürgen Richter, S. 66/71 Look/age fotostock, S. 68–70 Look/Jürgen Richter, S. 71 Look/age fotostock, S. 71 M/age, S. 72/73 Look/age fotostock, S. 74/75 M/Alamy, S. 75 M/age, S. 75/76 M/Alamy, S. 77 M/age, S. 78 G/j.Senosiain, S. 78/79 G/j.Senosiain, S. 79 G/j.Senosiain, S. 79 M/age, S. 80/81 G/Domingo Leiva, S. 81 M/age, S. 82/83 G/Domingo Leiva, S. 83 M/age, S. 83 G/Domingo Leiva, S. 84 M/age, S. 84/85 Look/age fotostock, S. 85 Look/age fotostock, S. 86/87 Look/age fotostock, S. 87 Look/age fotostock, S. 88/89 C/Tibor Bognar, S. 90/95 M/age, S. 91–94 G/ Domingo Leiva, S. 95 Look/age fotostock, S. 96/97 G/Inigo Cia, S. 97 G/Inigo Cia, S. 98/99 M/Alamy, S. 99 M/Alamy, S. 99 M/Alamy, S. 99 M/Alamy, S. 99 M/Alamy, S. 99 Look/age fotostock, S. 100/101 M/age, S. 101 M/Alamy, S. 102/103 M/ age, S. 103 M/Lou Avers, S. 103 M/age, S. 104/105 M/age, S. 105 M/Alamy, S. 105 M/Alamy, S. 106/107 G/Xavier Fors, S. 107 M/age, S. 108 Look/Brigitte Merz, S. 109 G/Xavier Fors, S. 109/110 M/Alamy, S. 110/111 C/Guido Cozzi, S. 111 M/Alamy, S. 111 M/Alamy, S. 111 M/Alamy, S. 111 M/Alamy, S. 111 C/Guido Cozzi, S. 111 M/Alamy, S. 112/113 G/Xavier Fors, S. 112/113 M/age, S. 113 M/Alamy, S. 113 G/MedioTuerto, S. 114/115 Look/Jürgen Richter, S. 115 Look/Jürgen Richter, S. 116/117 Look/Arthur F. Selbach, S. 117 Look/Arthur F. Selbach, S. 117 Look/Arthur F. Selbach, S. 117 Look/Arthur F. Selbach, S. 117 Look/Arthur F. Selbach, S. 117 Look/Jürgen Richter, S. 118/119 Look/Brigitte Merz, S. 120/121 Look/ Jürgen Richter, S. 121 Look/age fotostock, S. 121 Look/age fotostock, S. 121 Look/age fotostock, S. 122/123 Look/age fotostock, S. 123 Look/age fotostock, S. 123 Look/age fotostock, S. 123 Look/age fotostock, S. 123 Look/age fotostock, S. 123 Look/age fotostock, S. 123 Look/age fotostock, S. 124/125 Look/age fotostock, S. 125 Look/age fotostock, S. 125 Look/age fotostock, S. 126/127 Look/Arthur F. Selbach, S. 127 Look/age fotostock, S. 127 Look/Arthur F. Selbach, S. 128/129 Look/age fotostock, S. 130 Look/Arthur F. Selbach, S. 130/131 Look/Arthur F. Selbach, S. 131 G/Tim Graham, S. 132/133 M/Lou Avers, S. 133 M/age, S. 133 C/Grand Tour Collection, S. 133 Look/age fotostock, S. 134/135 Look/age fotostock, S. 135 Look/age fotostock, S. 135 Look/age fotostock, S. 135 Look/age fotostock, S. 136/137 Look/Brigitte Merz, S. 137 Look/age fotostock, S. 137 Look/Brigitte Merz, S. 137 Look/Arthur F. Selbach, S. 138/139 M/age, S. 139 M/ Alamy, S. 139 M/Alamy, S. 139 M/age, S. 140/141 Look/Brigitte Merz, S. 141 M/Alamy, S. 141 M/Alamy, S. 141 M/Alamy, S. 142 Look/age fotostock, S. 142 C/Felix Ordonez, S. 143 M/ Alamy, S. 143 C/Paul Hanna, S. 144/145 Look/age fotostock, S. 145 G/inakilarrea, S. 146/151 C/Christian Handl, S. 147–150 Look/Jürgen Richter, S. 151 C/Christian Handl, S. 151 Look/age fotostock, S. 151/152 Look/Photononstop, S. 153 Look/Brigitte Merz, S. 153 Look/Brigitte Merz, S. 154/155 M/ Barbara Boensch, S. 155 M/Barbara Boensch, S. 155 M/Alamy, S. 156/157 Look/Jürgen Richter, S. 157 Look/Jürgen Richter, S. 157 Look/Jürgen Richter, S. 157 Look/Jürgen Richter, S. 157 Look/Jürgen Richter, S. 158/159 Look/age fotostock, S. 158/159 Look/Jürgen Richter, S. 159 Look/Jürgen Richter, S. 159 Look/Jürgen Richter, S. 159 M/Alamy, S. 160/161 M/Alamy, S. 161 M/Alamy, S. 162/163 Look/Jürgen Richter, S. 163 Look/age fotostock, S. 164/165 M/Alamy, S. 165 Look/Arthur F. Selbach, S. 165 Look/Jürgen Richter, S. 166/167 M/Alamy, S. 167 M/Alamy, S. 168/169 Look/Jürgen Richter, S. 169 M/Alamy, S. 169 Look/Jürgen Richter, S. 169 Look/Jürgen Richter, S. 170/171 Look/Jürgen Richter, S. 172/173 Look/Jürgen Richter, S. 173 M/Alamy, S. 174/175 M/Alamy, S. 175 M/Alamy, S. 175 G/Presacalzado, S. 176 Look/age fotostock, S. 176/177 M/age, S. 177 M/Lou Avers, S. 178/179 G/Ruhey, S. 179 Look/Brigitte Merz, S. 179 Look/ Jürgen Richter, S. 179 Look/age fotostock, S. 180/181 Look/ Jürgen Richter, S. 181 Look/Jürgen Richter, S. 181 Look/ Jürgen Richter, S. 182/183 Look/Jürgen Richter, S. 183 M/ Alamy, S. 184/185 Look/Jürgen Richter, S. 185 Look/age fotostock, S. 186/187 G/Andrea Pistolesi, S. 187 Look/age fotostock, S. 188/189 Look/Jürgen Richter, S. 189 M/age, S. 189 M/age, S. 190/191 M/Luis Castaneda, S. 191 M/Alamy, S. 192 M/Lou Avers, S. 192 M/Alamy, S. 192 M/Alamy, S. 192/193 M/Alamy, S. 192/193 G/Inigo Cia, S. 194/199 Look/ Jürgen Richter, S. 195–198 Look/Jürgen Richter, S. 199 Look/Jürgen Richter, S. 200/201 M/Luis Castaneda, S. 201 G/lmdm43, S. 201 G/marcp_dmoz, S. 202/203 C/Ivan Vdovin, S. 203 C/Albrecht Weißer, S. 203 C/Albrecht Weißer, S. 204/205 M/Alamy, S. 206 Look/Jürgen Richter, S. 206/207 C/ Roberto Roseano, S. 207 Look/Jürgen Richter, S. 208/209 Look/Jürgen Richter, S. 209 Look/Jürgen Richter, S. 209 Look/Jürgen Richter, S. 210/211 Look/Jürgen Richter, S. 212/213 C/Rodrigo Garcia, S. 213 M/age, S. 214/215 G/Angel Villalba, S. 215 G/Panoramic Images, S. 216 M/Alamy, S. 216 M/Alamy, S. 216/217 M/Alamy, S. 217 Look/Jürgen Richter, S. 218/223 Look/age fotostock, S. 219–222 G/marcp_dmoz, S. 223 G/Raquel Pedrosa, S. 223 Look/age fotostock, S. 223 Look/age fotostock, S. 223 Look/age fotostock, S. 224/225 M/Alamy, S. 224/225 G/A.Nunez, S. 225 M/Alamy, S. 226/227 G/Jim Richardson, S. 227 Look/Jürgen Richter, S. 228/229 M/Alamy, S. 229 M/age, S. 229 M/Alamy, S. 229/230 M/Alamy, S. 231 Look/Jürgen Richter, S. 232/233 Look/Jürgen Richter, S. 233 Look/Jürgen Richter, S. 233 Look/Jürgen Richter, S. 234/235 Look/Jürgen Richter, S. 235 M/age, S. 236/237 Look/Jürgen Richter, S. 237 M/age, S. 238 M/Alamy, S. 238/239 M/Alamy, S. 239 M/Alamy, S. 240/241 M/Alamy, S. 241 Look/Jürgen Richter, S. 241 M/Alamy, S. 242/243 Look/age fotostock, S. 243 M/Alamy, S. 243 M/Alamy, S. 244/245 M/Alamy, S. 245 G/David Pedre, S. 246 G/Kevin George, S. 246/247 M/age, S. 247 M/age, S. 248/249 G/Herve Hughes, S. 250/255 G/Carlos Ramos, S. 251–254 Look/Jürgen Richter, S. 255 G/Jose Peral, S. 256/257 C/Massimo Borchi, S. 258/259 G/Salvator Barki, S. 259 G/Richard Manin, S. 259 M/John Warburton-Lee, S. 260 Look/Jürgen Richter, S. 260/261 C/Tim Graham, S. 261 C/Jacques Pavlovsky, S. 261 Look/Jürgen Richter, S. 262/263 Look/age fotostock, S. 263 M/Alamy, S. 264/265 Look/Jürgen Richter, S. 265 Look/ age fotostock, S. 266/267 M/Alamy, S. 267 Look/age fotostock, S. 268 M/Photononstop, S. 268/269 M/age, S. 269 M/ age, S. 270/271 Look/age fotostock, S. 271 M/age, S. 271 M/ Alamy, S. 272/273 G/Ken Scicluna, S. 273 C/Ken Scicluna, S. 274 G/Raul Touzon, S. 274 Look/Brigitte Merz, S. 275 C/Bo Zaunders, S. 275 Look/age fotostock, S. 276/277 Look/Brigitte Merz, S. 278/279 Look/Jürgen Richter, S. 279 Look/ Brigitte Merz, S. 279 Look/Brigitte Merz, S. 279 Look/Jürgen Richter, S. 279 Look/Brigitte Merz, S. 280/281 M/Alamy, S. 281 M/Alamy, S. 282/283 G/Xavier Fors, S. 283 M/Alamy, S. 283 M/Alamy, S. 284 M/Alamy, S. 284/285 M/Alamy, S. 285 M/Alamy, S. 285 M/Alamy, S. 286/287 M/Alamy, S. 287 Look/ Jürgen Richter, S. 287 Look/Jürgen Richter, S. 288/289 Look/Design Pics, S. 289 Look/Jürgen Richter, S. 290/291 M/Alamy, S. 291 M/Alamy, S. 292/293 Look/Jürgen Richter, S. 293 Look/age fotostock, S. 293 Look/Brigitte Merz, S. 294/295 Look/age fotostock, S. 295 Look/age fotostock, S. 295 Look/Brigitte Merz, S. 296/297 Look/age fotostock, S. 297 Look/age fotostock, S. 298/299 G/Siqui Sanchez, S. 299 Look/age fotostock, S. 299 G/Simon Greenwood, S. 300/301 M/age, S. 301 Look/age fotostock, S. 301 Look/age fotostock, S. 302 M/age, S. 303 G/pvicens, S. 303 M/Alamy, S. 304/305 G/Domingo Leiva, S. 305 M/age, S. 306/307 Look/ Jürgen Richter, S. 307 Look/age fotostock, S. 307 Look/Arthur F. Selbach, S. 308/309 Look/Jürgen Richter, S. 310/311 Look/Jürgen Richter.

Königinstr. 11
80539 München
Tel. +49 89 45 80 20-0
Fax +49 89 45 80 20-21
www.kunth-verlag.de
info@kunth-verlag.de

Printed in Slovakia

Text: Iris Schaper, Anke Benstem, Anja Kauppert und Silke Haas

Alle Fakten wurden nach bestem Wissen und Gewissen mit der größtmöglichen Sorgfalt recherchiert. Redaktion und Verlag können jedoch für die absolute Richtigkeit und Vollständigkeit der Angaben keine Gewähr leisten. Der Verlag ist für alle Hinweise und Verbesserungsvorschläge jederzeit dankbar.